Niebo II

„A dwanaście bram to dwanaście pereł:
każda z bram była z jednej perły.
I rynek Miasta to czyste złoto jak szkło przeźroczyste."
(Apokalipsa 21,21)

Niebo II

Wypełnione chwałą Bożą

DR. JAEROCK LEE

Niebo II Autor Dr. Jaerock Lee
Opublikowano przez Urim Books (Reprezentant: Kyungtae Noh)
73, Yeouidaebang-ro 22-gil, Dongjak-gu, Seoul, Korea
www.urimbooks.com

Wszelkie prawa zastrzeżone. Żadna część niniejszej publikacji nie może być reprodukowana, przechowywana jako źródło danych i przekazywana w jakiejkolwiek formie zapisu bez pisemnej zgody wydawcy.

O ile nie zaznaczono inaczej, wszelkie cytaty pochodzą z Biblii Tysiąclecia ® 1960, 1962, 1963, 1968, 1971, 1972, 1973, 1975, 1977, 1995. Wykorzystane za zgodą.

Copyright © 2017 Dr. Jaerock Lee
ISBN: 979-11-263-0267-3 04230
ISBN: 979-11-263-0266-6 (set)
Tłumaczenie na język angielski © 2011 Dr. Esther K. Chung. Użyte za zgodą tłumacza.

Wcześniej opublikowane w języku koreańskim przez Urim Books w 2002

Pierwsze wydanie kwiecień 2017

Edycja: Dr. Geumsun Vin
Projekt: Editorial Bureau of Urim Books
Wydrukowano przez Prione Printing
Kontakt: urimbook@hotmail.com

Przedmowa

Modlę się, abyś stał się prawdziwym dzieckiem Bożym oraz miał udział w Jego miłości, żyjąc w wiecznym szczęściu i radości w Nowym Jeruzalem, gdzie miłość Boża obfituje...

Dziękuję Bogu Ojcu oraz oddaję Mu chwałę za to, że ukazał mi, jak wygląda życie w niebie oraz pobłogosławił nam, umożliwiając publikację książek „*Niebo I: Czyste i piękne jak kryształ*" oraz „*Niebo II: Wypełnione chwałą Bożą.*"

Zawsze chciałem wiedzieć jak najwięcej o niebie, więc modliłem się i pościłem. Po siedmiu latach Bóg odpowiedział na moje modlitwy i odkrywa przede mną głębsze tajemnice dotyczące duchowej rzeczywistości.

W pierwszej części serii pt. „Niebo", krótko przedstawiłem miejsca zamieszkania w niebie, dzieląc je na Raj, Pierwsze Królestwo, Drugie Królestwo, Trzecie Królestwo oraz Nowe Jeruzalem. Druga część dokładniej ukaże piękno oraz niezwykłość mieszkania w Nowym Jeruzalem.

Bóg miłości pokazał Nowe Jeruzalem apostołowi Janowi oraz pozwolił mu opisać to w Biblii. Dzisiaj, kiedy zbliża się czas przyjścia Pana, Bóg wylewa Ducha Świętego na niezliczoną liczbę ludzi oraz odkrywa przed nimi niebo. Jego celem jest, aby niewierzący na całym świecie uwierzyli w życie po śmierci – niebo i piekło, oraz aby ci, którzy wyznają swoją wiarę w Boga prowadzili zwycięskie życie w Jezusie oraz głosili ewangelię na całej ziemi.

Dlatego właśnie apostoł Paweł, który głosił ewangelię poganom, napomniał Tymoteusza, mówiąc: *„Ty zaś czuwaj we wszystkim, znoś trudy, wykonaj dzieło ewangelisty, spełnij swe posługiwanie!"* (2 Tym. 4,5)

Bóg jasno odsłonił przede mną niebo i piekło, abym mógł głosić poselstwo po wszystkich krańcach świata. Bóg pragnie, aby wszyscy ludzie otrzymali zbawienie. Nie chce, aby nawet jedna dusza znalazła się w piekle. Co więcej, Bóg pragnie, aby jak najwięcej ludzi weszło do Nowego Jeruzalem i zamieszkało tam.

Przedmowa

Dlatego, nikt nie powinien osądzać ani potępiać poselstwa przekazanego przez Boga, dzięki natchnieniu Ducha Świętego.

W książce „*Niebo II*" odnajdziecie wiele tajemnic dotyczących nieba, wyglądu Boga, który istniał przed początkiem czasu, tronu Boga i innych. Wierzę, że takie szczegóły dadzą ludziom, którzy tęsknią za niebem wiele szczęścia i radości.

Miasto Nowe Jeruzalem, zbudowane dzięki niezmierzonej miłości oraz niezwykłej mocy Boga, jest pełne Jego chwały. W Nowym Jeruzalem znajduje się wierzchołek, gdzie Bóg zainicjował istnienie Trójcy, aby wypełnić proces doskonalenia ludzkości. Tron Boży również znajduje się w tym właśnie miejscu. Czy potrafisz sobie wyobrazić, jak cudowne, piękne i niezwykłe będzie to miejsce? Jest tak fantastyczne i święte, że ludzka mądrość nie jest w stanie go zgłębić!

Dlatego, musisz sobie uświadomić, że Nowe Jeruzalem nie jest nagrodą dla wszystkich zbawionych. Możliwość zamieszkania tam otrzymują tylko dzieci Boże, których serca stały się czyste niczym kryształ podczas życia na tej ziemi.

Chciałbym szczególnie podziękować Geumsun Vin, dyrektorowi Biura Redakcyjnego oraz pozostałym pracownikom, jak również Biurze Tłumaczeń za niniejszą publikację.

Błogosławię w imieniu Jezusa każdego, kto przeczyta tę książkę, aby stał się prawdziwym dzieckiem Bożym i dzielił się prawdziwą miłością w wiecznym szczęściu i radości w Nowym Jeruzalem, które jest pełne chwały Bożej.

Jaerock Lee

Wstęp

Z nadzieją, że otrzymacie błogosławieństwa i odkryjecie najdrobniejsze szczegóły dotyczącego Nowego Jeruzalem, oraz będziecie cieszyć się wiecznością jak najbliżej tronu Bożego...

Dziękuję Bogu Ojcu oraz oddaję Mu chwałę za to, że ukazał mi, jak wygląda życie w niebie oraz pobłogosławił nam, umożliwiając publikację książek *„Niebo I: Czyste i piękne jak kryształ"* oraz *„Niebo II: Wypełnione chwałą Bożą."*

Niniejsza książka składa się z dziewięciu rozdziałów, które dają wgląd w świętość i piękno mieszkania w niebie – Nowego Jeruzalem – jego rozmiaru, splendoru oraz życia w nim.

Rozdział 1 „Nowe Jeruzalem: Wypełnione chwałą Bożą" opisuje Nowe Jeruzalem oraz wyjaśnia tajemnice tronu Boga oraz wierzchołka duchowej rzeczywistości, gdzie Bóg zainicjował istnienie Trójcy.

Rozdział 2 „Imiona dwunastu plemion oraz dwunastu apostołów" opisuje wygląd zewnętrzny miasta Nowe Jeruzalem, które otoczone jest wysokimi murami, a imiona dwunastu plemion Izraela są wypisane na dwunastu bramach miasta po czterech jego stronach. Na dwunastu fundamentach miasta opisane są imiona apostołów oraz powód i znaczenie każdego napisu.

Rozdział 3 „Rozmiar Nowego Jeruzalem" opisuje wygląd oraz rozmiary Nowego Jeruzalem. Niniejszy rozdział wyjaśnia, dlaczego Bóg zmierzył rozmiar Nowego Jeruzalem za pomocą złotej trzciny oraz opisuje, że aby wejść i zamieszkać w Mieście, człowiek musi posiadać wszystkie duchowe kwalifikacje, mierzone za pomocą złotej trzciny. Omawia również szerokość, długość oraz wysokość miasta Nowe Jeruzalem według tradycyjnych pomiarów koreańskich.

Rozdział 4 „Wykonany z czystego złota oraz różnobarwnych drogich kamieni" szczegółowo opisuje każdy materiał, z którego zbudowano Nowe Jeruzalem. Całe miasto jest ozdobione czystym złotem oraz drogocennymi kamieniami. Autor opisuje piękno ich kolorów, połysku oraz światła. Co więcej, wyjaśniając

Wstęp

powód, dla którego Bóg przystroił mury miasta jaspisem oraz całe miasto czystym złotem, rozdział omawia znaczenie duchowej wiary.

Z rozdziału 5 „Znaczenie dwunastu fundamentów" dowiesz się więcej o murach Nowego Jeruzalem, zbudowanych na dwunastu fundamentach oraz pięknie i duchowym znaczeniu jaspisu, szafiru, chalcedonu, szmaragdu, sardonyksu, rubinu, chryzolitu, berylu, topazu, chryzoprazu, opalu i ametystu. Jeżeli dodasz znaczenie duchowe każdego z dwunastu kamieni, lepiej poznasz charakter Jezusa oraz Boga Ojca. Rozdział zachęca cię do ukształtowania swojego charakteru w taki sposób, abyś mógł wejść oraz wiecznie żyć w mieście Nowe Jeruzalem.

Rozdział 6 „Dwanaście perłowych bram oraz droga ze złota" wyjaśnia powodu oraz duchowe znaczenie faktu, iż Bóg ustawił dwanaście bram perłowych, jak również duchowe znaczenie drogi ze złota, które jest czyste jak szkło. Tak, jak muszla wytwarza perłę w wielkim bólu, tak człowiek musi przezwyciężyć różne trudności i próby wiary. Rozdział zachęca nas, abyśmy zmierzali w stronę dwunastu bram z pereł.

Rozdział 7 „Ujmujący Spektakl" zabierze cię do wnętrze miasta Nowe Jeruzalem, które jest zawsze niezwykle oświetlone. Dowiesz się o duchowym znaczeniu wyrażenia „Bóg i Baranek są jego świątynią", o rozmiarze i pięknie zamku, gdzie mieszka Pan, oraz o chwale ludzi, którzy wejdą do Nowego Jeruzalem, aby spędzić wieczność ze swoim Bogiem.

Rozdział 8 „I widziałem miasto święte, Nowe Jeruzalem" ukazuje mieszkania ludzi, którzy prowadzili wierne i uświęcone życie na ziemi oraz otrzymają wspaniała nagrodę w niebie. Będzie miał możliwość ujrzeć szczęśliwe życie, które czeka na ciebie w Nowym Jeruzalem, czytając o niesamowitych domach oraz o życiu w niebie.

Rozdział 9 i ostatni „Pierwsze przyjęcie w Nowym Jeruzalem" ukaże ci scenę z pierwszego przyjęcia, które odbędzie się w Nowym Jeruzalem po Dniu Sądu Ostatecznego. Rozdział przedstawia kilku praojców wiary, którzy mieszkają blisko tronu Bożego, a następnie kończy się błogosławieństwem każdego czytelnika, aby miał serce czyste jak kryształ i mógł mieszkać blisko tronu Boga w Nowym Jeruzalem.

Wstęp

Im więcej dowiesz się o niebie, tym bardziej wspaniałe będzie ci się ono wydawać. Nowe Jeruzalem, które można uznać za „centrum" nieba, to miejsce, gdzie znajduje się tron Boży. Jeżeli poznasz piękno i chwałę Nowego Jeruzalem, z pewnością będziesz żyć w nadziei na niebo oraz prowadzić życie w Chrystusie.

Ponieważ szybko zbliża się czas powtórnego przyjścia Jezusa, który wróci z miejsca, w którym przygotował dla nas mieszkania, mam nadzieję, że dzięki książce *„Niebo II: Wypełnione chwałą Bożą"* przygotujesz się na życie wieczne.

Modlę się w imieniu Jezusa, abyś mógł zamieszkać blisko tronu Bożego dzięki uświęceniu samego siebie i życiu w nadziei na Nowe Jeruzalem oraz wypełnianiu Bożych poleceń.

Geumsun Vin,
Dyrektor Biura Redakcyjnego

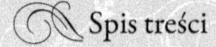
Spis treści

Przedmowa

Wstęp

Rozdział 1 **Nowe Jeruzalem: Wypełnione chwałą Bożą • 1**
    1. Tron Boży w Nowym Jeruzalem
    2. Pierwotny Tron Boży
    3. Oblubienica Baranka
    4. Błyszczący jak drogocenne kamienie i czysty jak kryształ

Rozdział 2 **Imiona dwunastu plemion oraz dwunastu apostołów • 15**
    1. Dwunastu aniołów pilnuje bram miasta
    2. Imiona dwunastu plemion izraelskich wypisane na dwunastu bramach
    3. Imiona dwunastu apostołów wypisane na dwunastu fundamentach

Rozdział 3 **Rozmiar Nowego Jeruzalem • 37**
    1. Mierzony złotą trzciną
    2. Nowe Jeruzalem w kształcie sześcianu

Rozdział 4 **Wykonany z czystego złota oraz różnobarwnych drogich kamieni • 47**
    1. Zdobiony czystym złotem oraz drogimi kamieniami
    2. Mury Nowego Jeruzalem wykonane z jaspisu
    3. Wykonane ze złota czystego niczym kryształ

Rozdział 5 **Znaczenie dwunastu fundamentów • 59**

    1. Jaspis: Wiara duchowa
    2. Szafir: Prawość i uczciwość
    3. Chalcedon: Niewinność i ofiarna miłość
    4. Szmaragd: Sprawiedliwość i czystość
    5. Sardonyks: Duchowa wierność
    6. Rubin: Miłość
    7. Chryzolit: Łaska
    8. Beryl: Cierpliwość
    9. Topaz: Duchowa dobroć
    10. Chryzopraz: Samokontrola
    11. Opal: Czystość i świętość
    12. Ametyst: Piękno i łagodność

Rozdział 6 **Dwanaście perłowych bram oraz droga ze złota • 107**

    1. Dwanaście bram wykonanych z pereł
    2. Ulice wykonane z czystego złota

Rozdział 7 **Ujmujący spektakl • 123**

    1. Nie potrzeba już światła słońca ani księżyca
    2. Zachwyt Nowym Jeruzalem
    3. Wieczność z Panem, naszym Oblubieńcem
    4. Chwała mieszkańców Nowego Jeruzalem

Rozdział 8 **„I widziałem miasto święte, Nowe Jeruzalem" • 149**

    1. Niebiańskie domy w niewyobrażalnych rozmiarach
    2. Wspaniały zamek, którego mieszkaniec ma pełną prywatność
    3. Zwiedzanie miejsc w niebie

Rozdział 9 **Pierwsze przyjęcie w Nowym Jeruzalem • 181**

    1. Pierwsze przyjęcie w Nowym Jeruzalem
    2. Prorocy jako najważniejsza grupa w niebie
    3. Piękne kobiety w oczach Bożych
    4. Maria Magdalena przebywająca blisko tronu Bożego

Rozdział 1

Nowe Jeruzalem: Wypełnione chwałą Bożą

1. Tron Boży w Nowym Jeruzalem

2. Pierwotny Tron Boży

3. Oblubienica Baranka

4. Błyszczący jak drogocenne kamienie i czysty jak kryształ

„I uniósł mnie w zachwyceniu na górę wielką i wyniosłą, i ukazał mi Miasto Święte – Jeruzalem, zstępujące z nieba od Boga, mające chwałę Boga. źródło jego światła podobne do kamienia drogocennego, jakby do jaspisu o przejrzystości kryształu."

- Apokalipsa 21,10-11 -

Niebo jest rzeczywistością w czterowymiarowym świecie, w której rządzi Bóg miłości i sprawiedliwości. Pomimo, że nie jest widzialne gołym okiem, niebo z pewnością istnieje. Jak wiele szczęścia, radości, wdzięczności i chwały będziemy odczuwać w niebie, skoro jest to najlepszy dar od Boga, który Bóg przygotował dla swoich zbawionych dzieci?

Jednak w niebie przygotowane są różne mieszkania. Nowe Jeruzalem, w którym znajduje się tron Boży oraz Raj, w którym znajdą się zbawieni, którzy ledwie zbawienie otrzymali. Podobnie jak mieszkanie w chatce i mieszkanie w pałacu znacząco się od siebie różnią, tak wielka różnica jest Pomiędzy zamieszkaniem w Raju oraz w Nowym Jeruzalem.

Niestety niektórzy wierzący uważają „niebo" i „Nowe Jeruzalem" za synonimy, a niektórzy nawet nie wiedzą, że Nowe Jeruzalem istnieje. Jaka szkoda! Niełatwo jest zdobyć niebo, nawet jeżeli wiesz coś na jego temat. W jaki sposób, ktoś może znaleźć się w Nowym Jeruzalem skoro nie wie, że takie miejsce istnieje?

Dlatego Bóg odkrywa Nowe Jeruzalem przed apostołem Janem i pozwala mu opisać je w Biblii. Apokalipsa 21 dokładnie opisuje Nowe Jeruzalem. Jan był wzruszony, widząc zaledwie jego wygląd zewnętrzny.

W Apokalipsie 21,10-11 wyznaje: *„I uniósł mnie w zachwyceniu na górę wielką i wyniosłą, i ukazał mi Miasto Święte – Jeruzalem, zstępujące z nieba od Boga, mające chwałę Boga. źródło jego światła podobne do kamienia drogocennego, jakby do jaspisu o przejrzystości kryształu."*

Dlaczego Nowe Jeruzalem jest pełne chwały Bożej?

1. Tron Boży w Nowym Jeruzalem

W Nowym Jeruzalem znajduje się tron Boży. Jakże pełne Bożej chwały musi być Nowe Jeruzalem, skoro zamieszkuje tam sam Bóg?

Dlatego w Apokalipsie 4,8 opisani są ludzie, którzy oddają chwałę i dziękczynienie oraz honor Bogu w dzień i w nocy: *„Cztery Zwierzęta – a każde z nich ma po sześć skrzydeł – dokoła i wewnątrz są pełne oczu, i nie mają spoczynku, mówiąc dniem i nocą: Święty, Święty, Święty, Pan Bóg wszechmogący, Który był i Który jest, i Który przychodzi."*

Nowe Jeruzalem jest również nazywane „Świętym Miastem", ponieważ zostało odnowione dzięki Słowu Boga, który jest prawdziwy, nieskazitelny i pełen światła, a nie ma w Nim żadnej ciemności.

Jeruzalem jest miejsce, gdzie Jezus, który przyszedł w ciele, aby otworzyć drogę zbawienia dla ludzkości, głosił ewangelię oraz wypełnił prawo w miłości. Dlatego, Bóg zbudował Nowe Jeruzalem dla wszystkich wierzących, którzy w miłości wypełniali Jego prawo.

Boży tron w samym środku Nowego Jeruzalem

Gdzie w Nowym Jeruzalem znajduje się tron Boży? Odpowiedź znajduje się w Apokalipsie 22,3-4:

Nic godnego klątwy już /odtąd/ nie będzie. I będzie w nim tron Boga i Baranka, a słudzy Jego będą Mu cześć oddawali. I będą oglądać Jego oblicze, a imię Jego – na ich czołach.

Tron Boży znajduje się w środku Nowego Jeruzalem. Jedynie ci, którzy postępują zgodnie ze słowem Bożym jak posłuszni słudzy mogą wejść do Nowego Jeruzalem i zobaczyć Boga twarzą w twarz.

Bóg powiedział nam w Liście do Hebrajczyków 12,14: *„Starajcie się o pokój ze wszystkimi i o uświęcenie, bez którego nikt nie zobaczy Pana"* oraz w Ewangelii Mateusza 5,8: *„Błogosławieni czystego serca, albowiem oni Boga oglądać będą."* Dlatego właśnie musimy sobie uświadomić, że nie każdy może wejść do Nowego Jeruzalem, gdzie znajduj się tron Boży.

Jak wygląda tron Boży? Niektórzy uważają, że wygląda jak wielkie krzesło, jednak wcale tak nie jest. W wąskim znaczeniu, tron odnosi się do miejsca, na którym siada Bóg, jednak w szerokim znaczeniu, tron odnosi się do miejsca zamieszkania Boga.

Dlatego „Tron Boży" odnosi się do mieszkania Boga i wokół Jego tronu, pośrodku Nowego Jeruzalem, rozpościera się tęcza, a wokół tronu ustawione są dwadzieścia cztery trony starców.

Tęcza oraz trony dwudziestu czterech starców

Czytając Apokalipsę 4,3-6 możesz zgłębić piękno, wspaniałość i rozmiar tronu Bożego:

A Zasiadający był podobny z wyglądu do jaspisu i do krwawnika, a tęcza dokoła tronu – podobna z wyglądu do szmaragdu. Dokoła tronu – dwadzieścia cztery trony, a na tronach dwudziestu czterech siedzących Starców, odzianych w białe szaty, a na ich głowach złote wieńce. A z tronu wychodzą błyskawice i głosy, i gromy, i płonie przed tronem siedem lamp ognistych, które są siedmiu Duchami Boga. Przed tronem – niby szklane morze podobne do kryształu, a w środku tronu i dokoła tronu cztery Zwierzęta pełne oczu z przodu i z tyłu...

Wielu aniołów oraz istot niebiańskich służy Bogu. Są tam również inne istoty duchowe, takie jak cherubiny oraz cztery żywe postacie, które Go otaczają.

Przed tronem Bożym rozpościera się morze szklane. Widok jest piękny. Wiele świateł, które odbijają się w tafli morze, oświeca tron Boży.

W jaki sposób dwudziestu czterech starców otacza tron Boży? Dwunastu z nich znajduje się za Panem, a pozostałych dwunastu za Duchem Świętym. Dwudziestu czterech starców to uświęcone osoby, które mają prawo składać swoje świadectwo przed Bogiem.

Tron Boży jest tak piękny, wspaniały i niezwykły, że przechodzi ludzkie pojęcie.

2. Pierwotny Tron Boży

Dzieje Apostolskie 7,55-56 opisują sytuację, kiedy Szczepan zobaczył tron Baranka po prawej stronie tronu Bożego:

„A on pełen Ducha Świętego patrzył w niebo i ujrzał chwałę Bożą i Jezusa, stojącego po prawicy Boga. I rzekł: Widzę niebo otwarte i Syna Człowieczego, stojącego po prawicy Boga."

Szczepan stał się męczennikiem, ponieważ został ukamienowany z powodu odważnego głoszenia ewangelii o Jezusie Chrystusie. Zaraz przed śmiercią, jego oczy duchowe otworzyły się i mógł zobaczyć Pana, stojącego po prawicy tronu Bożego. Jezus był w stanie siedzieć, ponieważ wiedział, że Szczepan stanie się męczennikiem w oczach Żydów, którzy słuchali jego poselstwa. Dlatego Pan powstał ze swojego tronu i płakał, patrząc na ukamienowanie Szczepana. Szczepan widział Jezusa swoimi duchowymi oczami.

Szczepan widział tron Boży, gdzie znajduje się Bóg i Baranek. Podobnie ty powinieneś uświadomić sobie, że niniejszy tron jest inny od tronu, który widział apostoł Jan w Nowym Jeruzalem. Tron Boży, który widział Szczepan był pierwotnym tronem Bożym.

W dawnych czasach, kiedy król opuszczał swój pałac, aby rozejrzeć się po swoim królestwie i przyjrzeć się swoim ludziom, jego świta budowała miejsce, które przypominało pałac królewski, w którym król mógł się tymczasowo zatrzymać. Tak samo, tron Boży w Nowym Jeruzalem nie jest tronem, gdzie Bóg zazwyczaj przebywa, ale miejsce, gdzie Bóg przebywa jedynie przez krótkie okresy czasu.

Pierwotny tron Boga na początku

Bóg istniał jako samotna istota, trzymając w swym ręku cały wszechświat przed początkiem czasu (Ks. Wyjścia 3,14; Jan 1,1; Apokalipsa 22,13). Wszechświat nie był taki sam, jak widzimy go dzisiaj. Był pojedynczą przestrzenią, zanim został podzielony na świat fizyczny i duchowy. Bóg istniał jako światłość i oświetlał cały wszechświat.

Nie był jedynie delikatnym promieniem światła, lecz połyskującym i pięknym światłem, niczym strumień wody, odbijający kolory tęczy. Być może uda ci się to lepiej zrozumieć, jeżeli spojrzysz na zorzę na biegunie północnym. Zorza jest grupą różnych kolorów światła, która rozciąga się niczym kurtyna. Podobno widok jest tak niesamowity, że ktokolwiek ujrzy to zjawisko, nigdy nie zapomni jego piękna.

W takim razie, o ileż piękniejsze będzie światło Boga, który jest światłem samym w sobie, oraz jak będzie można wyrazić splendor tylu pięknych świateł wymieszanych razem?

W 1 Jana 1,5 napisano: *„Nowina, którą usłyszeliśmy od Niego i którą wam głosimy, jest taka: Bóg jest światłością, a nie ma w Nim żadnej ciemności."* Słowa „Bóg jest światłością" mają na celu nie tylko wyrażenie duchowego znaczenia faktu, że Bóg nie ma w sobie żadnej ciemności, ale opisanie wyglądu Boga, który istniał jako światłość przed początkiem czasu.

Ten sam Bóg, który przed początkiem czasu istniał samotnie jako światłość wszechświata, wypowiedział pierwsze słowa. Bóg istniał jako światłość, która została wypełniona głosem. Ten głos to

„słowo", do którego odnosi się Ewangelia Jana 1,1: *„Na początku było słowo, a słowo było u Boga i Bogiem było słowo."*

W przestrzeni, w której istniał Bóg jako światłość, jest oddzielna przestrzeń dla Ojca, Syna i Ducha Świętego. W miejscu, gdzie znajduje się pierwotny tron Boży, znajduje się miejsce do odpoczynku, rozmowy oraz spacerów.

Jedynie szczególni aniołowie oraz ci, którzy charakter przypomina charakter Boży mogą wejść do tego miejsca, które jest oddzielone, tajemnicze i bezpieczne. Co więcej, niniejsze miejsce, w którym znajduje się tron Bożej Trójcy znajduje się w przestrzeni, gdzie Bóg istniał w samotności na początku. Jest to czwarte niebo, oddzielone od Nowego Jeruzalem, które znajduje się w trzecim niebie.

3. Oblubienica Baranka

Bóg pragnie, aby charakter Jego dzieci był podobny do charakteru Boga oraz, aby mogły one wejść do Nowego Jeruzalem. Jednakże, nadal okazuje łaskę tym, którzy nie osiągnęli tego poziomu uświęcenia podczas życia na ziemi. Podzielił królestwo niebieskie na wiele miejsc: Raj, Pierwsze Królestwo, Drugie Królestwo, Trzecie Królestwo i nagradza swoje dzieci, zgodnie z tym, co dla Niego uczyniły.

Bóg ofiaruje Nowe Jeruzalem dla swoich prawdziwych dzieci, które w pełni uświęciły się i były wierne Jego królestwu. Bóg zbudował Nowe Jeruzalem na podobieństwo Jerozolimy, fundamentu ewangelii oraz ukształtował swoje dzieci niczym nowe naczynie, które zawiera wszystko, aby w pełni przestrzegać Jego prawa z miłością.

W Apokalipsie 21,2 czytamy, że Bóg przygotował Nowe Jeruzalem tak pięknie, że miasto przypominało Janowi oblubienicę cudownie przystrojoną dla swego oblubieńca:

„I Miasto Święte – Jeruzalem Nowe ujrzałem zstępujące z nieba od Boga, przystrojone jak oblubienica zdobna w klejnoty dla swego męża."

Nowe Jeruzalem jest niczym piękne przyozdobiona oblubienica

Bóg przygotowuje wspaniałe mieszkania w niebie dla oblubienicy Pana, która przygotowuje się na przyjęcie duchowych ślubów dla Jezusa Chrystusa, obrzezując swoje serca. Najpiękniejszym miejscem wśród mieszkań w niebie jest Nowe Jeruzalem.

Dlatego w Apokalipsie 21,9 opisano miasto Nowe Jeruzalem, które jest pięknie przystrojone jako oblubienica Pana: *„I przyszedł jeden z siedmiu aniołów, co trzymają siedem czasz pełnych siedmiu plag ostatecznych, i tak się do mnie odezwał: Chodź, ukażę ci Oblubienicę, Małżonkę Baranka."*

Jakże wspaniałe musi być Nowe Jeruzalem, skoro to sam Bóg przygotował je jako najlepszy dar dla swojej oblubienicy? Ludzie będą poruszeni, kiedy wejdą do swoich nowych domów, zbudowanych i przygotowanych dzięki Bożej miłości i szczegółowej rozwadze. Każdy dom idealnie pasuje do swojego właściciela, ponieważ został przygotowany przez Boga.

Oblubienica służy swemu mężowi i przygotowuje mu miejsce odpoczynku. Podobnie, domy w Nowym Jeruzalem są przygotowane dla oblubienicy Pana. Miejsce jest tak wygodne i bezpieczne, że ludzie czują się szczęśliwi i radośni.

Na tym świecie, bez względu na to, jak dobrze żona służy swojemu mężowi, nie może dać mu idealnego pokoju i radości. Jednakże, domy w Nowym Jeruzalem mogą dać pokój i radość, których ludzie nie mogą doświadczyć na tym świecie, ponieważ domy w niebie są tak przygotowane, aby idealnie spełniać oczekiwania swoich właścicieli. Domy są pięknie zbudowane zgodnie z gustem właściciela, ponieważ są przygotowane dla ludzi, których charakter odzwierciedla charakter Boży. Jakże wspaniałe muszą być, skoro to sam Pan jest kierownikiem budowy?

Jeżeli prawdziwie wierzysz w niebo, będziesz szczęśliwy na samą myśl o aniołach, które budują niebiańskie domy zdobione złotem i drogimi kamieniami. Zgodnie z prawem Bożym każdy otrzyma według swoich uczynków.

Czy potrafisz sobie wyobrazić, o ile szczęśliwsze i bardziej radosne będzie życie w Nowym Jeruzalem, które będzie dla ciebie niczym idealna żona?

Niebiańskie domy są ozdobione zgodnie z uczynkami właściciela

Budowa domów w niebie rozpoczęła się wraz ze zmartwychwstaniem Jezusa i Jego wstąpieniem do nieba. Domy są budowane zgodnie z naszymi uczynkami. Budowa domów ludzi, których życie na ziemi już się skończyło, została zakończona. Budowniczowie kładą fundamenty i wznoszą filary domu. Praca została prawie zakończona.

Kiedy zakończy się budowa wszystkich domów w niebie, Pan powróci na ziemię, jednak tym razem w powietrzu:

> *„W domu Ojca mego jest mieszkań wiele. Gdyby tak nie było, to bym wam powiedział. Idę przecież przygotować wam miejsce. A gdy odejdę i przygotuję wam miejsce, przyjdę powtórnie i zabiorę was do siebie, abyście i wy byli tam, gdzie Ja jestem"* (Jan 14,2-3).

Wieczne mieszkania w niebie przygotowane dla zbawionych zostaną przydzielone w Dniu Sądu.

Kiedy właściciel wejdzie do swojego domu, ponieważ nagroda zostanie przyznana zgodnie z miarą wiary, dom będzie w pełni błyszczał, ponieważ właściciel oraz dom są idealną parą. Kiedy właściciel wejdzie do swojego domu, stanie się częścią tego domu, tak jak mąż i żona stają się jednym ciałem.

Jakże pełne Bożej chwały będzie Nowe Jeruzalem, skoro znajduje się tam tron Boży, a domy w nim zbudowane są przeznaczone dla prawdziwych dzieci Bożych, które mogą na wieki doświadczać Bożej miłości?

4. Błyszczący jak drogocenne kamienie i czysty jak kryształ

Apostoł Jan, prowadzony przez Ducha Świętego, popadł w zachwyt, kiedy zobaczył święte miasto Nowe Jeruzalem. W Apokalipsie 21,10-11 wyznał:

„I uniósł mnie w zachwyceniu na górę wielką i wyniosłą, i ukazał mi Miasto Święte – Jeruzalem, zstępujące z nieba od Boga, mające chwałę Boga. źródło jego światła podobne do kamienia drogocennego, jakby do jaspisu o przejrzystości kryształu" (Apokalipsa 21,10-11).

Jan oddał chwałę Bogu, kiedy patrzył na wspaniałe Nowe Jeruzalem ze szczytu góry, na którą zaprowadził go Duch Święty.

Nowe Jeruzalem lśniące chwałą Bożą

Co oznaczają słowa, że wspaniałość Nowego Jeruzalem, które lśni chwałą Bożą jest „niczym drogocenny kamień, kamień z jaspisu"? Jest wiele rodzajów drogocennych kamieni. Mają one różne nazwy zgodnie z ich składnikami oraz kolorami. Aby kamień został uznany za drogocenny, musi lśnić w naprawdę pięknym kolorze. Stąd wyrażenie „niczym bardzo drogocenny kamień" oznacza, że jest on ideałem piękna. Apostoł Jan porównał piękne światło Nowego Jeruzalem do drogocennego kamienia, który ludzie uważają za wartościowy i piękny.

Co więcej, w Nowym Jeruzalem znajdują się olbrzymie i wspaniałe domy, ozdobione niebiańskimi drogimi kamieniami, które lśnią wspaniałym światłem, widocznym z daleka. Niebieskawe i białe światła, które odbijają światła w innych kolorach wydają się otaczać Nowe Jeruzalem. Jakże będzie to imponujący i przyjemny widok?

Apokalipsa 21,18 mówi nam, że mury Nowego Jeruzalem są wykonane z jaspisu. Jaspis w niebie ma niebieskawy kolor i nie przypomina jaspisu na tej ziemi – jest tak piękny i czysty, że kiedy na niego patrzysz, wydaje ci się, że patrzysz na czystą wodę. Jest prawie niemożliwe, aby wyrazić piękno jego koloru, porównując je do czegokolwiek na tym świecie. Być może można go porównać do błyszczącego niebieskiego światła odbijającego się w czystej wodzie. Ponadto, możemy określić jego kolor jedynie jako czysty, niebieskawy i biały. Jaspis reprezentuje elegancję oraz jasność Boga oraz Bożej sprawiedliwości, które są bez skazy, czyste i szczere.

Jest wiele rodzajów kryształu. W kontekście nieba, kryształ odnosi się do bezbarwnego, przeźroczystego i twardego kamienia, który jest czysty jak woda. Czysty kryształ jest używany w celach dekoracyjnych już od dawnych czasów, ponieważ jest nie tylko czysty i przejrzysty, lecz również wspaniale odbija światło.

Kryształ, pomimo, że nie jest bardzo drogi, pięknie odbija światła i sprawia, że wyglądają jak tęcza. Ponadto, Bóg umieścił wspaniałość chwały w niebiańskim krysztale i wypełnił go swoją mocą, więc jest on nieporównywalny z kryształami używanymi na tej ziemi. Apostoł Jan próbuje wyrazić piękno, jasność oraz blask Nowego Jeruzalem, porównując go do kryształu.

Święte miasto Nowe Jeruzalem jest wypełnione cudowną chwałą Bożą. Jakże wspaniałe, piękne i błyszczące będzie Nowe Jeruzalem, skoro znajduje się tam tron Boży oraz miejsce, gdzie Bóg powołał do istnienia Trójcę?

Rozdział 2

Imiona dwunastu plemion oraz dwunastu apostołów

1. Dwunastu aniołów pilnuje bram miasta
2. Imiona dwunastu plemion izraelskich wypisane na dwunastu bramach
3. Imiona dwunastu apostołów wypisane na dwunastu fundamentach

„Miało ono mur wielki a wysoki, miało dwanaście bram, a na bramach – dwunastu aniołów i wypisane imiona, które są imionami dwunastu pokoleń synów Izraela. Od wschodu trzy bramy i od północy trzy bramy, i od południa trzy bramy, i od zachodu trzy bramy. A mur Miasta ma dwanaście warstw fundamentu, a na nich dwanaście imion dwunastu Apostołów Baranka."

- Apokalipsa 21,12-14 -

Nowe Jeruzalem jest otoczone murami, które błyszczą wspaniałym światłem. Każdy będzie niezwykle zaskoczony, widząc rozmiar, wspaniałość, piękno i chwałę tych murów.

Miasto ma kształt sześcianu. Po każdej stronie znajdują się trzy bramy: na wschód, zachód, północ i południe. Miasto, do którego prowadzi dwanaście bram jest olbrzymie. Majestatyczny anioł stoi na straży przy każdej z bram, na których wypisane są imiona dwunastu plemion.

Ponadto, pod murami Nowego Jeruzalem znajduje się dwanaście fundamentów, na których stoi dwanaście filarów z imionami dwunastu apostołów. Wszystkie elementy w Nowym Jeruzalem są wykonane w liczbie dwanaście, jak na przykład liczba świateł. Niniejsza liczba ma na celu pomóc wszystkim zrozumieć, że Nowe Jeruzalem jest miejscem dla dzieci światła, które upodobniły swoje serca do serca Boga, który jest światłością.

Dowiedzmy się, dlaczego dwunastu aniołów stoi na straży dwunastu bram Nowego Jeruzalem oraz dlaczego imiona dwunastu plemion izraelskich zostały wypisane w całym mieście.

1. Dwunastu aniołów pilnuje bram miasta

W dawnych czasach, wielu żołnierzy lub strażników pilnowało bram zamku, w którym przebywał król lub ważni urzędnicy państwowi. Było to konieczne, aby chronić budynek przed najazdem wroga lub wtargnięciem. Dwunastu aniołów strzeże bram Nowego Jeruzalem, mimo że nikt nie jest w stanie wejść lub wtargnąć do miasta, gdzie znajduje się tron Boży. Dlaczego?

Aby wyrazić bogactwo, władzę i chwałę

Miasto Nowe Jeruzalem jest olbrzymie i niewyobrażalnie wspaniałe. Wielkie Zakazane Miasto w Chinach, w którym mieszkali cesarze jest wielkości domów, w których będą mieszkali zbawieni w Nowym Jeruzalem. Nawet rozmiar Wielkiego Muru Chińskiego, jednego z siedmiu cudów starożytnego świata, nie może się równać z Nowym Jeruzalem

Pierwszym celem, dla którego dwunastu aniołów strzeże bram miasta jest to, że stanowią one symbol bogactwa i honoru, władzy i chwały. Nawet dziś, potężni i bogaci ludzie mają swoich strażników, którzy pilnują ich domów, co pokazuje ich bogactwo i władzę.

Dlatego, oczywiste jest, że aniołowie pilnują bram miasta, w którym znajduje się tron Boży. Każdy może odczuć władzę Boga oraz mieszkańców Nowego Jeruzalem, patrząc na dwunastu aniołów, których obecność jest dodatkiem do piękna i chwały Nowego Jeruzalem.

Aby chronić dzieci Boże

Jaki jest kolejny powód, dla którego aniołowie strzegą bram Nowego Jeruzalem? W Liście do Hebrajczyków 1,14 napisano: *„Czyż nie są oni wszyscy duchami przeznaczonymi do usług, posłanymi na pomoc tym, którzy mają posiąść zbawienie?"*

Bóg chroni swoje dzieci, które mieszkają na tej ziemi i daje im ochronę aniołów. Ci, którzy żyją zgodnie ze słowem Bożym nie zostaną zniesławieni przez szatana, lecz Bóg uchroni ich przed problemami, testami, katastrofami naturalnymi, chorobami oraz wypadkami.

Ponadto, w niebie znajduje się wielka liczba aniołów, którzy wypełniają swoje obowiązki zgodnie z Bożymi poleceniami. Są aniołowie, którzy obserwują, zapisują i składają raporty przed Bogiem z każdego uczynku człowieka – bez względu na to, czy jest wierzący czy też nie. W Dniu Sądu, Bóg będzie pamiętał o każdym wypowiedzianym słowie i nagrodzi nas zgodnie z tym, co dla Niego zrobiliśmy.

Wszyscy aniołowie są duchami, nad którymi Bóg ma kontrolę. Oczywiste jest, że aniołowie chronią oraz opiekują się dziećmi Bożymi w niebie, Oczywiście, w niebie nie będzie ryzyka ani wypadków, ponieważ nie ma tam ciemności ani szatana, jednak ich naturalnym obowiązkiem jest służenie swoim panom. Ten obowiązek nie został wymuszony, lecz jest wypełniany chętnie zgodnie z porządkiem i harmonią duchowej rzeczywistości. Jest to naturalny obowiązek przypisany aniołom.

Aby zachować porządek w Nowym Jeruzalem

Jaki jest trzeci powód, dla którego aniołowie strzegą bram Nowego Jeruzalem?

Niebo jest idealną duchową rzeczywistością – rzeczywistością bez skazy, która funkcjonuje w idealnym porządku. Nie ma tam nienawiści, kłótni lub rozkazów. Wszyscy chętnie postępują zgodnie z Bożymi wskazówkami.

Dom, w którym mieszkają skłóceni domownicy upadnie. Królestwo szatana nie może być skłócone, lecz działa zgodnie z ustalonymi zasadami porządku (Mar. 3,22-26). Tym bardziej królestwo Boże działa zgodnie z ustalonym porządkiem i harmonią.

Na przykład, przyjęcia, które będą odbywały się w Nowym Jeruzalem, będą odbywały się zgodnie z ustalonym porządkiem. Ocaleni w Trzecim, Drugim oraz Pierwszym Królestwie oraz w Raju wejdą do Nowego Jeruzalem jedynie, kiedy zostaną zaproszeni – zgodnie z ustalonym porządkiem. Będą radować Boga i dzielić się swoją radością wraz z mieszkańcami Nowego Jeruzalem.

Co by się stało, gdyby ocaleni zamieszkujący w Raju, Pierwszym, Drugim lub Trzecim Królestwie mogli wejść do Nowego Jeruzalem, kiedy tylko mieliby ochotę? Podobnie jak wartość najcenniejszych przedmiotów zanika, kiedy nikt nie opiekuje się tymi przedmiotami w odpowiedni sposób wraz z upływem czasu, jeżeli porządek Nowego Jeruzalem zostałby naruszony, jego piękno nie byłoby odpowiednio zachowane.

Dlatego, aby zachować pokój i porządek w Nowym Jeruzalem, konieczne jest, aby aniołowie pilnowali dwunastu bram. Oczywiście, mieszkańcy Trzeciego, Drugiego i Pierwszego Królestwa oraz Raju nie mogliby wejść do Nowego Jeruzalem, nawet gdyby bramy nie ochraniał żaden anioł z powodu różnicy związanej z chwałą. Aniołowie pilnują zachowania porządku w odpowiedni sposób.

2. Imiona dwunastu plemion izraelskich wypisane na dwunastu bramach

Dlaczego imiona dwunastu plemion Izraela zapisane są na bramach Nowego Jeruzalem? Imiona dwunastu plemion Izraela symbolizują fakt, iż dwanaście bram Nowego Jeruzalem powstało wraz z dwunastoma pokoleniami Izraela.

Historia dwunastu bram

Adam i Ewa, którzy zostali wygnani z ogrodu Eden z powodu popełnionego grzechu nieposłuszeństwa około 6000 lat temu, wydali na świat wiele dzieci, podczas swojego życia na ziemi. Kiedy świat był pełen grzechu, wszyscy oprócz Noego i jego rodziny, zostali ukarani oraz zalani wodami potopu. Noe był jedynym sprawiedliwym człowiekiem w tamtym czasie.

Około 4000 lat temu narodził się Abraham i kiedy nadszedł czas, Bóg uczynił go praojcem wiary i pobłogosławił mu obficie. Bóg złożył Abrahamowi obietnicę w Ks. Rodzaju 22,17-18.

> *„Będę ci błogosławił i dam ci potomstwo tak liczne jak gwiazdy na niebie i jak ziarnka piasku na wybrzeżu morza; potomkowie twoi zdobędą warownie swych nieprzyjaciół. Wszystkie ludy ziemi będą sobie życzyć szczęścia takiego, jakie jest udziałem twego potomstwa, dlatego że usłuchałeś mego rozkazu."*

Bóg uczynił Jakuba, wnuka Abrahama, praojcem narodu Izraelskiego i ustanowił naród, który miał wywodzić się z jego dwunastu synów. Około 2000 lat temu, Bóg wysłał Jezusa jako potomka z pokolenia Judy i otworzył drogę zbawienia dla ludzkości.

W ten sposób, Bóg zapoczątkował naród izraelski, który wywodził się z dwunastu plemion izraelskich, aby wypełnić obietnicę daną Abrahamowi. Co więcej, Bóg, aby zaznaczyć ten fakt, zapisał imiona plemion izraelskich na dwunastu bramach Nowego Jeruzalem.

Przyjrzyjmy się Jakubowi, praojcu Izraela oraz dwunastu plemion.

Jakub – praojciec Izraela – i jego dwunastu synów

Jakub, wnuk Abrahama i syn Izaaka, odebrał pierworództwo swojemu starszemu bratu Ezawowi w sposób przebiegły, dlatego musiał uciekać przed swoim bratem do wujka Labana. Podczas pobytu u Labana, który trwał dwadzieścia lat, Bóg oczyścił Jakuba, aby mógł stać się praojcem Izraela.

W Księdze Rodzaju 29,21 czytamy na temat małżeństw Jakuba oraz narodzinach jego dwunastu synów. Jakub kochał Rachelę i obiecał służyć Labanowi przez siedem lat, aby mógł ją poślubić, jednak został oszukany i poślubił Leę, siostrę Racheli. Tak więc obiecał Labanowi, że będzie służył kolejnych siedem lat, aby poślubić Rachelę. W końcu Jakub poślubił Rachelę i kochał ją bardziej niż Leę.

Bóg ulitował się nad Leą, która nie czuła się kochana przez swojego męża, i otworzył jej łono. Lea urodziła Rubena, Symeona, Lewiego i Judę. Jakub kochał Rachelę, która nie mogła mieć dzieci przez jakiś czas. Była zazdrosna o swoją siostrę Leę i oddała Jakubowi za żonę swoją służącą – Bilhę. Bilha urodziła Dana i Neftalego. Kiedy Lea nie mogła już więcej zajść w ciążę, dała Jakubowi swoją służącą Zylpę, a Zylpa urodziła Gada i Aszera.

Później, Lea zgodziła się, aby w zamian za możliwość przespania się z Jakubem, oddać Racheli mandragorę swojego pierwszego syna. Lea urodziła Isaszara i Zebulona oraz córkę Dinę. Wtedy, Bóg wspomniał na Rachelę, która była niepłodna i otworzył jej łono, także Rachela urodziła Józefa. Po narodzinach Józefa, Jakub otrzymał od Boga rozkaz, aby przekroczyć potok Jabbok i wrócić do swojego miasta z żonami i synami oraz służącymi.

Jakub przez dwadzieścia lat przechodził przez próby w domu swego wuja Labana. Uniżył się i modlił, aż zwichnął sobie biodro nad potokiem Jabbok w drodze do swojego miasta. Otrzymał imię „Izrael" (Ks. Rodzaju 32,28). Izrael pogodził się ze swoim bratem Ezawem oraz zamieszkał w ziemi Kanaan. Otrzymał błogosławieństwo i stał się praojcem Izraela, a także narodził mu się z Racheli ostatni syn – Benjamin.

Dwanaście plemion Izraela – wybrany lub Boży

Józef, który był ukochanym synem swojego ojca, został sprzedany do Egiptu w wieku siedemnastu lat przez swoich braci, którymi kierowała zazdrość. Jednak dzięki opatrzności Bożej, w wieku trzydziestu lat Józef stał się namiestnikiem Egiptu. Bóg wiedział, że w ziemi Kanaan będzie okropny głów i wysłał Józefa do Egiptu oraz dał całej jego rodzinie możliwość przeprowadzki do Egiptu, aby mogli wzrastać w siłę i stać się licznym narodem.

W Księdze Rodzaju 49,3-28 Izrael błogosławi swoich dwunastu synów zaraz przed śmiercią i czyni ich dwunastoma plemionami Izraela:

„Rubenie, synu mój pierworodny, tyś moją mocą i pierwszym płodem mojej męskiej siły,
  górujący dumą i górujący siłą (w. 3)...
  Symeon i Lewi, bracia, narzędziami gwałtu były ich miecze (w. 5)...
  Judo, ciebie sławić będą bracia twoi, twoja bowiem ręka na karku twych wrogów (w. 8)...
  Zabulon mieszkać będzie na wybrzeżu morza, nad brzegiem morza, dokąd zawijają okręty (w. 13)...
  Issachar – osioł kościsty, będzie się wylegiwał ufny w swe bezpieczeństwo (w. 14)...
  Dan będzie sądził lud swój jako jeden ze szczepów izraelskich (w. 16)...
  Gad – zbójcy napadać go będą, on zaś będzie napadał im na pięty (w. 19)...
  Od Asera – tłuste pokarmy, on będzie dostarczał przysmaków królowi (w. 20)...
  Neftali – jak rozłożysty terebint, dający miłe przepowiednie (w. 21)...
  Józef – latorośl owocująca, latorośl owocująca nad źródłem: gałązki pną się po murze (w. 22)...
  Beniamin – wilk drapieżny (w. 27)..."

Oni stanowią dwanaście plenion Izraela. Ich ojciec

zwrócił się do nich tymi właśnie słowami, kiedy błogosławił im, dopasowując błogosławieństwo do każdego z nich. Błogosławieństwa były inne dla każdego syna (pokolenia) ze względu na ich różne cechy charakteru, osobowości, uczynki i naturę. Przez Mojżesza Bóg dał prawo dwunastu pokolenion Izraela, które wyszły z Egiptu i zaczął prowadzić ich do ziemi obiecanej, miodem i mlekiem płynącej. W Księdze Powtórzonego Prawa 33,5-25 widzimy Mojżesza, który błogosławi lud izraelski przed śmiercią.

„Niech żyje Ruben, niech nie umiera, niech żyje, choć liczbą niewielki. To powiedział do Judy: Usłysz, Panie, głos Judy, doprowadź go do jego ludu, niech Twoje ręce go obronią, bądź dlań obroną od wrogów. Do Lewiego powiedział: Twoje tummim i urim są dla oddanego ci męża, wypróbowałeś go w Massa, spierałeś się z nim u wód Meriba. O ojcu swym on mówi i o matce: Ja ich nie widziałem, nie zna już swoich braci, nie chce rozpoznać swych dzieci. Tak słowa Twego strzegli, przymierze Twoje zachowali. Niech nakazów Twych uczą Jakuba, a Prawa Twego – Izraela, przed Tobą palą kadzidło, na Twoim ołtarzu – całopalenia. Moc jego, Panie, błogosław, a dzieła rąk jego przyjmij, złam biodra jego nieprzyjaciół i tych, co go nienawidzą, by nie powstali. Do Beniamina powiedział: Umiłowany przez Pana, bezpiecznie u Niego zamieszka, u Niego, który zawsze będzie go bronił, odpocznie w Jego ramionach. Do Józefa

powiedział: Jego ziemia – błogosławiona przez Pana, przez bogactwo niebios, przez rosę, przez źródła otchłani podziemnej, przez bogactwo darów słońca, przez bogactwo plonów miesięcy, przez skarby z gór starożytnych, przez bogactwo odwiecznych pagórków, przez bogactwo z ziemi i plonów, łaska Mieszkańca Krzaku: dzieła Jego na głowie Józefa, na skroni księcia swych braci. Oto Jego byk pierworodny – cześć Jemu! Jego rogi – rogami bawołu, bije nimi narody aż po krańce ziemi. Oto miriady Efraima, oto tysiące Manassesa. Do Zabulona powiedział: Zabulonie, ciesz się na twoich wyprawach, i ty Issacharze, w twoich namiotach. Zwołują narody na górę, by złożyć tam prawe ofiary; gdyż z bogactwa morza będą korzystać i ze skarbów w piasku ukrytych. Do Gada powiedział: Szczęśliwy, kto da miejsce Gadowi! Odpoczywa jak lwica, rozdarł ramię i głowę. Rzeczy najlepszych pożąda dla siebie, pragnie działu dowódcy; chce kroczyć na czele narodu. Sprawiedliwość Pana wypełnił i Jego sądy nad Izraelem. Do Dana powiedział: Dan jest lwiątkiem, które się rzuca z Baszanu. Do Neftalego powiedział: Neftali łaską nasycony, pełen jest błogosławieństw Pana, morze i południe posiądzie. Do Asera powiedział: Aser błogosławiony wśród synów, niech będzie kochany przez braci, niech kąpie nogę w oliwie. Twe zawory z żelaza i brązu, jak dni twoje moc twoja trwała."

Lewi, jeden z dwunastu synów Izraela, został wybrany z

dwunastu plemion, aby stać się kapłanem i należeć do Boga. Zamiast niego, dwóch synów Józefa – Manasses i Efraim – zostali wybrani, aby być ojcami dwóch innych plemion Izraela, które zastąpiły plemię Lewiego.

Imiona dwunastu plemion zapisane na dwunastu bramach

W takim razie, w jaki sposób my, którzy nie jesteśmy członkami żadnego z dwunastu plemion Izraela ani bezpośrednimi potomkami Abrahama, możemy być zbawieni i przejść przez dwanaście bram, na których wypisane są imiona dwunastu plemion Izraela?

Odpowiedź możemy znaleźć w Księdze Apokalipsy 7,4-8:

> *I usłyszałem liczbę opieczętowanych: sto czterdzieści cztery tysiące opieczętowanych ze wszystkich pokoleń synów Izraela: z pokolenia Judy dwanaście tysięcy opieczętowanych, z pokolenia Rubena dwanaście tysięcy, z pokolenia Gada dwanaście tysięcy, z pokolenia Asera dwanaście tysięcy, z pokolenia Neftalego dwanaście tysięcy, z pokolenia Manassesa dwanaście tysięcy, z pokolenia Symeona dwanaście tysięcy, z pokolenia Lewiego dwanaście tysięcy, z pokolenia Issachara dwanaście tysięcy, z pokolenia Zabulona dwanaście tysięcy, z pokolenia Józefa dwanaście tysięcy, z pokolenia Beniamina dwanaście tysięcy opieczętowanych.*

W niniejszych wersetach, imię plemienia Judy zostaje wymienione jako pierwsze, a dopiero za nim plemię Rubena – inaczej niż w Księdze Rodzaju oraz Powtórzonego Prawa. Imię plemienia Dana zostało usunięte, a zamiast niego dodano imię plemienia Manassesa.

1 Księga Królewska opisuje poważny grzech plemienia Dana w 12,28-31.

> *Dlatego po zastanowieniu się król sporządził dwa złote cielce i ogłosił ludowi: Zbyteczne jest, abyście chodzili do Jerozolimy. Izraelu, oto Bóg twój, który cię wyprowadził z ziemi egipskiej! Postawił zatem jednego w Betel, a drugiego umieścił w Dan. To oczywiście doprowadziło do grzechu, bo lud poszedł do jednego do Betel i do drugiego aż do Dan. Ponadto urządził przybytki na wyżynach oraz mianował spośród zwykłego ludu kapłanów, którzy nie byli lewitami.*

Jeroboam, który został pierwszym królem południowego królestwa Izraela, myślał sobie, że jeżeli ludzie przychodzą do świątyni, aby składać ofiary w Jerozolimie, ponownie zaczną okazywać posłuszeństwo swojemu panu, Rehabeamowi, królowi Judy. Król uczynił dwa złote cielce i postawił je na Betelu oraz w Dan. Zabronił ludziom udawać się do Jerozolimy, by składać ofiary Bogu i zmusił ich do służenia w Betel i Dan.

Plemię Dana popełniło grzech bałwochwalstwa i ustanowiło zwykłych ludzi kapłanami Boga, pomimo że tylko mężczyźni z plemienia Judy mogli być kapłanami. Ustanowili święto w piętnastym dniu ósmego miesiąca, takie jak święto, które obchodzono w Judzie. Ponieważ Bóg nie mógł wybaczyć takich grzechów, odwrócił się od tej części narodu izraelskiego.

Dlatego imię plemienia Dana zostało opuszczone i zastąpione imieniem plemienia Manassesa, co zostało przepowiedziane i zapisane wcześniej w Księdze Rodzaju 48,5, gdzie Jakub powiedział do swojego syna Józefa:

A zatem dwaj twoi synowie, którzy ci się urodzili w Egipcie, zanim przybyłem do ciebie, do Egiptu, moimi są: Efraim i Manasses będą mi jak Ruben i Symeon.

Jakub, ojciec Izraela, uznał Manassesa I Efraima za swoich synów. Tak więc, w Księdze Apokalipsy w Nowym Testamencie, czytamy, że plemię Manassesa zostało zapisane zamiast plemienia Dana.

Fakt, iż imię plemienia Manassesa zostało zapisane wśród dwunastu plemion Izraela w ten sposób, pomimo, że nie był jednym z dwunastu liderów, wskazuje, że poganie zajmą miejsce Izraelitów i otrzymają zbawienie.

Bóg ustanowił fundament narodu przez powołanie dwunastu plemion Izraela. Około 2000 lat temu otworzył bramę oczyszczenia nas z grzechu dzięki drogocennej krwi Chrystusa przelanej za nas na krzyżu i umożliwił każdemu zbawienie w wierze.

Bóg wybrał ludzi Izraela, którzy pochodzili z dwunastu plemion i nazwał ich „swoim ludem", jednak ponieważ nie postępowali oni zgodnie z Bożą wolą, ewangelia została przekazana poganom.

Poganie, dzika gałązka oliwna, która została wszczepiona, zastąpili wybrany lud Boży. Dlatego apostoł Paweł w Liście do Rzymian 2,28-29 pisze: *„Bo Żydem nie jest ten, który nim jest na zewnątrz, ani obrzezanie nie jest to, które jest widoczne na ciele, ale prawdziwym Żydem jest ten, kto jest nim wewnątrz, a prawdziwym obrzezaniem jest obrzezanie serca, duchowe, a nie według litery. I taki to otrzymuje pochwałę nie od ludzi, ale od Boga."*

Krótko mówiąc, poganie zastąpili lud Izraela, aby wypełnić opatrzność Bożą, tak jak plemię Manassesa zastąpiło plemię Dana. Dlatego, nawet poganie mogą wejść do Nowego Jeruzalem przez dwanaście bram, jeśli tylko posiądą odpowiednią wiarę.

Dlatego, nie tylko ludzie, którzy należą do dwunastu plemion Izraela otrzymają zbawienie, ale również osoby, które nie są bezpośrednimi potomkami Abrahama. Jeżeli poganie uwierzą w Boga, Bóg nie będzie ich już uważał za „pogan", ale za członków swojego ludu. Wszelkie narody zostaną ocalone i wejdą przez dwanaście bram Nowego Jeruzalem. To będzie symbolem obietnicy Bożej.

Dwanaście plemion Izraela duchowo odzwierciedla wszystkie dzieci Boże, które zostaną zbawione dzięki wierze. Bóg zapisał imiona dwunastu plemion na dwunastu bramach Nowego Jeruzalem, aby odzwierciedlić ten fakt.

Jednakże, jako że różne kraje oraz obszary charakteryzują się różnymi cechami, chwała każdego z dwunastu plemion wypisanych na dwunastu bramach będzie się różnić w niebie.

3. Imiona dwunastu apostołów wypisane na dwunastu fundamentach

Dlaczego imiona dwunastu apostołów zapisane są na dwunastu fundamentach Nowego Jeruzalem?

Aby zbudować budynek, najpierw trzeba położyć fundamenty i postawić filary. Łatwo jest oszacować rozmiar budynku, patrząc na głębokość wykopanej dziury pod fundamenty. Fundamenty są bardzo istotne, ponieważ muszę podtrzymywać wagę całego budynku.

Tak samo, dwanaście fundamentów stanowi podwalinę Nowego Jeruzalem. Na nich właśnie postawiono dwanaście filarów. Następnie wstawiono dwanaście bram. Rozmiar dwunastu fundamentów oraz dwunastu filarów jest zadziwiającą wielki i skupimy się na tym w kolejnym rozdziale.

Dwanaście fundamentów – ważniejszych nawet niż dwanaście bram

Każdy cień jest odzwierciedleniem czegoś innego. Podobnie Stary Testament jest cieniem Nowego Testamentu, ponieważ Stary Testament świadczy o Jezusie, który miał przyjść na ten świat jako Zbawiciel, zaś Nowy Testament opisuje służbę Jezusa na ziemi, wypełnienie się proroctw oraz zrealizowanie planu zbawienia (Hebr. 10,1).

Bóg, który położył fundament narodu poprzez ustanowienie dwunastu plemion Izraela oraz ustanowił prawo przez Mojżesz, nauczał dwunastu apostołów przez słowa Jezusa, który wypełniał prawo z miłością i dał im możliwość oglądać Pana aż do końca istnienia ziemi. W ten sposób, dwunastu apostołów jest bohaterami, którzy umożliwili wypełnienie się prawa Starego Testamentu oraz budowę miasta Nowe Jeruzalem, ponieważ zachowywali się nie jako cień, ale w pełni odzwierciedlali swojego Mistrza.

Dlatego dwanaście fundamentów Nowego Jeruzalem jest bardziej istotnych niż dwanaście bram, a rola dwunastu apostołów jest ważniejsza niż rola dwunastu plemion.

Jezus i Jego dwunastu apostołów

Jezus, Syn Boży, który przyszedł na ten świat w ciele, zaczął swoją służbę w wieku trzydziestu lat. Powołał swoich uczniów i nauczał ich. Kiedy nadszedł odpowiedni czas, Jezus dał moc swoim uczniom, aby wypędzali demony i uzdrawiali chorych. Mateusz 10,2-4 opisuje dwunastu apostołów:

> *A oto imiona dwunastu apostołów: pierwszy Szymon, zwany Piotrem, i brat jego Andrzej, potem Jakub, syn Zebedeusza, i brat jego Jan, Filip i Bartłomiej, Tomasz i celnik Mateusz, Jakub, syn Alfeusza, i Tadeusz, Szymon Gorliwy i Judasz Iskariota, ten, który Go zdradził.*

Tak, jak chciał Jezus, apostołowie głosili ewangelię i realizowali dzieła w mocy Bożej. Świadczyli o Jezusie i poprowadzili wiele dusz drogą zbawienia. Wszyscy oprócz Judasza, którym zawładnął szatan do tego stopnia, że Judasz sprzedał Jezusa, byli świadkami zmartwychwstania oraz wniebowstąpienia Pana, jak również doświadczyli wylania Ducha Świętego dzięki gorliwym modlitwom.

Pan powołał ich i otrzymali Ducha Świętego oraz moc i stali się świadkami Jezusa w Jerozolimie, w całej Judei i Samarii, aż po krańce ziemi.

Maciej zastępuje Judasza

W Dziejach Apostolskich 1,15-26 opisane jest zastąpienie Judasza innym apostołem. Apostołowie modlili się gorliwie, aby wybrać odpowiednią osobę. Pragnęli, aby wszystko działo się zgodnie z wolą Bożą, a nie zgodnie z ludzkimi opiniami. W końcu wybrali osobę, która również była jednym z uczniów Jezusa – mężczyznę o imieniu Maciej.

Powód, dla którego Jezus wybrał Judasza, wiedząc, że on w końcu Go zdradzi, jest ukryty właśnie tutaj. Fakt, że Maciej został nowo wybranym apostołem oznacza, że nawet poganie mogą otrzymać zbawienie. Oznacza również, że wybrani słudzy Boży są w takiej samej sytuacji, co Maciej. Od momentu zmartwychwstania oraz wniebowstąpienia Jezusa, Bóg wybrał wielu ludzi, którzy mają Mu służyć. Każdy, kto wybiera życie z Jezusem, może zostać Jego sługą, tak jak Maciej stał się Jego apostołem.

Słudzy Boży, wybrani przez samego Boga, są posłuszni Jego woli i nie oczekują wyjaśnień. Jeżeli słudzy Boży nie są posłuszni Jego woli, nie mogą ani nie powinni być nazywani „sługami Boga" ani „wybranymi sługami Boga."

Dwunastu apostołów, łącznie z Maciejem, miało charaktery podobne do charakteru Jezusa, osiągnęli świętość, byli posłuszni naukom Jezusa oraz w pełni wypełniali wolę Boga. Stali się fundamentem światowej misji dzięki wypełnianiu swoich obowiązków aż do chwili, gdy stali się męczennikami.

Imiona dwunastu apostołów

Ci, którzy otrzymali zbawienie dzięki wierze, pomimo że nie byli w pełni uświęceni lub wierni domowi Bożemu, mogą odwiedzać Nowe Jeruzalem, kiedy zostaną zaproszeni, jednak nie mogą tam mieszkać na stałe. Powodem, dla którego imiona dwunastu apostołów zostały zapisane na dwunastu fundamentach jest przypomnienie nam, że jedynie ludzie w pełni uświęceni oraz wierni domowi Bożemu mogą żyć w Nowym Jeruzalem.

Dwanaście plemion Izraela odnosi się do dzieci Bożych, które zostały zbawiona przez wiarę. Ci, którzy są uświęceni i wierni z całego serca będą mogli wejść do Nowego Jeruzalem. Z tego powodu, dwanaście fundamentów ma większe znaczenie i dlatego imiona dwunastu apostołów nie są zapisane na dwunastu bramach, lecz na dwunastu fundamentach.

Dlaczego Jezus powołał jedynie dwunastu apostołów? W swojej wielkiej mądrości, Bóg wypełnił swój plan, który powstał jeszcze przed początkiem czasu i zrealizował swojego wszystkie założenia zgodnie z nim. Stąd wiemy, że wybór dwunastu apostołów był zgodny z Bożym planem. Bóg, który ustanowił dwanaście plemion izraelskich w Starym Testamencie, wybrał dwunastu apostołów, używając liczby 12 jako symbolu światła i doskonałości w Nowym Testamencie. W ten sposób cień Starego

Testamentu i esencja Nowego idą ze sobą w parze.

Bóg nie zmienia zdania ani plany, który raz został opracowany, lecz zawsze dochowuje danego słowa. Dlatego, musimy wierzyć w pełni w Słowo Boże zapisane w Biblii, przygotować się jak oblubienica Pana, aby Go przyjąć oraz osiągnąć i zachować konieczne kwalifikacje, aby wejść do Nowego Jeruzalem tak, jak dwunastu apostołów.

Jezus powiedział nam w Apokalipsie 22,12: *„Oto przyjdę niebawem, a moja zapłata jest ze Mną, by tak każdemu odpłacić, jaka jest jego praca."*

Jak powinno wyglądać nasze życie chrześcijańskie, jeżeli prawdziwie wierzymy, że Pan przychodzi wkrótce? Nie powinniśmy jedynie cieszyć się ze zbawienia dzięki wierze w Jezusa, ale również próbować odrzucić nasze grzechy i wiernie wypełniać swoje obowiązki.

Modlę się w imieniu Jezusa Chrystusa, abyś otrzymał wieczną chwałę i błogosławieństwa w Nowym Jeruzalem tak, jak praojcowie wiary, których imiona zapisane są na dwunastu bramach i dwunastu fundamentach!

Rozdział 3

Rozmiar Nowego Jeruzalem

1. Mierzony złotą trzciną
2. Nowe Jeruzalem w kształcie sześcianu

„A ten, który mówił ze mną, miał złotą trzcinę jako miarę, by zmierzyć Miasto i jego bramy, i jego mur. A Miasto układa się w czworobok i długość jego tak wielka jest, jak i szerokość. I zmierzył Miasto trzciną poprzez dwanaście tysięcy stadiów: długość, szerokość i wysokość jego są równe. I zmierzył jego mur – sto czterdzieści cztery łokcie: miara, która ma anioł, jest miarą człowieka."

- Apokalipsa 21,15-17 -

Niektórzy wierzący uważają, że kto zostanie zbawiony wejdzie do Nowego Jeruzalem, gdzie znajduje się tron Boży. Nie rozumieją również, że faktu, że Nowe Jeruzalem nie jest jedyną częścią nieba. Nowe Jeruzalem jest natomiast jedynie jego częścią. Jedynie prawdziwe dzieci Boże, które są uświęcone, mogą wejść do Nowego Jeruzalem. Jak wielkie jest Nowe Jeruzalem, które Bóg przygotował dla swoich dzieci?

Zastanówmy się nad rozmiarem i kształtem Nowego Jeruzalem oraz ich duchowym znaczeniem.

1. Mierzony złotą trzciną

Naturalne jest, że ludzie, którzy mają prawdziwą wiarę i żywą nadzieję na Nowe Jeruzalem, zastanawiają się nad kształtem i rozmiarem miasta. Ponieważ Nowe Jeruzalem jest przeznaczone dla dzieci Bożych, które są uświęcone i charakterem są podobne do Jezusa, Bóg przygotował miasto w piękny i niezwykły sposób.

W Apokalipsie 21,15 możemy przeczytać o aniołach trzymających w rękach złote trzciny, aby zmierzyć rozmiar bram i murów Nowego Jeruzalem. Dlaczego Bóg chciał, aby Nowe Jeruzalem zostało zmierzone złotą trzciną?

Złota trzcina służy do mierzenia odległości w niebie. Jeżeli wiesz, co oznacza trzcina i złoto, zrozumiesz, dlaczego Bóg zmierzył wymiary Nowego Jeruzalem za pomocą złotej trzciny.

Złoto oznacza wiarę, ponieważ nigdy się nie zmienia. Złoto w złotej trzcinie symbolizuje fakt, że pomiary Boga są prawidłowe i nigdy się nie zmieniają, a Jego obietnice spełniają się.

Cechy charakterystyczne trzciny, która służy do zmierzenia wiary

Trzcina jest długa, a jej krawędzie są miękkie. Łatwo się kołysze pod wpływem wiatru, jednak nigdy się nie łamie. Ma w sobie równocześnie miękkość i siłę. Trzcina ma sęki, co oznacza, że Bóg nagrodzi wszystkich zgodnie z ich uczynkami.

Stąd powodem, dla którego Bóg zmierzył Nowe Jeruzalem złotą trzciną jest zmierzenie wiary każdego człowieka w odpowiedni sposób oraz oddanie mu według uczynków jego lub jej.

Zastanówmy się nad cechami oraz duchowym znaczeniem trzciny, aby zrozumieć, dlaczego Bóg zmierzył wymiary Nowego Jeruzalem za pomocą złotej trzciny.

Po pierwsze, trzcina ma bardzo głębokie i silne korzenie. Ma 1-3 m długości, jest wysoka, rośnie w grupie w piasku na bagnach lub przy jeziorach. Może się wydawać, że ma słabe korzenie, jednak nie łatwo je wyrwać.

Tak samo, Boże dzieci powinny mieć korzenie w wierze i stać na skale prawdy. Jedynie, jeżeli posiadasz niezmienną wiarę, która nie zachwieje się w żadnych warunkach, będziesz mógł wejść do Nowego Jeruzalem, którego wymiary zostały zmierzone złotą trzciną. Dlatego apostoł Paweł modlił się za wierzącymi w Efezie: *„Niech Chrystus zamieszka przez wiarę w waszych sercach; abyście w miłości wkorzenieni i ugruntowani"* (Efez. 3,17).

Po drugie, trzcina ma bardzo miękkie krawędzie. Ponieważ Jezus miał miękkie i miłosierne serce, nigdy nie kłócił się ani nie krzyczał. Nawet kiedy inni krytykowali lub prześladowali Go, Jezus nie kłócił się, lecz odchodził.

Dlatego, ci, którzy mają nadzieję na Nowe Jeruzalem powinni mieć miękkie serca tak, jak Jezus. Jeżeli nie czujesz się komfortowo, kiedy inni wytykają ci błędy lub napominają cię, oznacza to, że nadal masz harde i dumne serce. Jeżeli twoje serce będzie miękkie i miłosierne, będzie potrafił przyjmować słowa napomnienia, nie odczuwając żalu i niezadowolenia.

Po trzecie, trzcina łatwo się kołysze pod wpływem wiatru, jednak nie łamie się. Kiedy przechodzi silny tajfun, drzewa leżą powyrywane, a trzcina nie łamie się nawet pod wpływem silnego wiatru, ponieważ jest miękka. Ludzie tego świata często porównuję umysł i serce kobiety do trzciny w negatywny sposób, jednak Boże porównanie jest zupełnie inne. Trzcina jest miękka i może wydaje się słaba, ale ma siłę i nie łamie się nawet pod wpływem silnego wiatru. Ponadto, trzcina ma piękne i eleganckie białe kwiaty.

Ponieważ trzcina ma w sobie miękkość, siłę i piękno może symbolizować sprawiedliwość pewnych osądów. Takie cechy charakterystyczne trzciny mogą odnosić się również do stanu narodu izraelskiego. Izrael ma niewielkie terytorium i mała populację, ponadto jest otoczony wrogimi sąsiadami. Może się wydawać słabym krajem, jednak nigdy nie poddaje się okolicznościom, ponieważ jego ludzie mają silną wiarę w Boga, Wierę, które jest zakorzeniona w wierze praojców, jak na przykład Abraham. Choć wydaje się, że fizycznie natychmiast rozpadnie się, wiara Izraelitów pozwala im pewnie stać.

Tak samo, aby wejść do Nowego Jeruzalem, musimy mieć wiarę, która nigdy się nie chwieje pomimo okoliczności, lecz jest zakorzeniona w Jezusie, który jest skałą, która ma silne korzenie jak trzcina.

Po czwarte, łodygi trzciny są proste i gładkie, więc używa się ich do robienia dachów, strzał lub wkładów do długopisów. Prosta łodyga oznacza podążanie do przodu. Wiara jest żywa, jeśli się rozwija. Ludzie, którzy poprawiają się i rozwijają będą wzrastać w wierze dzień po dniu oraz zdążać do nieba.

Bóg wybiera ludzi, którzy są dobrymi naczyniami i zdążają w kierunku nieba, rozwijają się i udoskonalają, więc będą mogli wejść do Nowego Jeruzalem. Dlatego, powinniśmy zdążać w kierunku nieba tak, jak liście które wyrastają z prostej łodygi.

Po piąte, wielu poetów pisało o kwiatach trzciny, opisując piękny krajobraz, a wygląd trzciny jako miękki i piękny, a jej liście są delikatne i eleganckie. W 2 Liście do Koryntian 2,15 napisano: *„Jesteśmy bowiem miłą Bogu wonnością Chrystusa zarówno dla tych, którzy dostępują zbawienia, jak i dla tych, którzy idą na zatracenie."* Ludzie, którzy stoją na skale wiary są świadectwem Jezusa. Tacy ludzie mają serca pełne miłości i dzięki nim inni mogą doświadczyć nieba. Dlatego, aby wejść do Nowego Jeruzalem, musimy być świadectwem Chrystusa w tak samo delikatny i elegancki sposób, jak trzcina.

Po szóste, liście trzciny są tak cienkie i ostre na brzegach, że mogą rozciąć skórę. Tak samo, ludzie, którzy mają wiarę nie powinni iść na ugodę z grzechem, lecz stać się jak ostrze, które odcina zło.

Daniel, który był ministrem w Persji i ulubieńcem króla, stawił czoła próbie – został wrzucony do lwiej jamy przez złych mężczyzn, którzy mu zazdrościli. Jednak nie ugiął się, lecz trwał w wierze. W konsekwencji, Bóg wysłał swoich aniołów, aby zamknęli paszcze lwom i umożliwił Danielowi uwielbić Boga przed królem i innymi ludźmi.

Bóg raduje się z takiej wiary, jaką miał Daniel – wiary, która nigdy nie idzie na kompromis. Chroni ludzi, którzy mają taką wiarę przed złem i trudnościami, oraz umożliwia im uwielbienie Boga aż do końca. Ponadto, błogosławi im i czyni ich *„głową, a nie ogonem"*, gdziekolwiek pójdą (Ks. Powt. Prawa 28,1-14).

Co więcej, jak napisano w Księdze Przysłów 8,13: *„Bojaźnią Pańską – zła nienawidzić. Nie znoszę dumy, złych dróg, wyniosłości ust przewrotnych."* Jeżeli masz zło w swoim sercu, musisz je odrzucić przez modlitwę i post. Tylko jeżeli nie idziesz na kompromis z grzechem i nienawidzisz zła, zostaniesz uświęcony i będziesz mógł wejść do Nowego Jeruzalem.

Rozważyliśmy powód, dla którego Bóg zmierzył Nowe Jeruzalem złotą trzciną, przyglądając się sześciu cechom charakterystycznym trzciny. Użycie złotej trzciny pomaga nam zrozumieć, że Bóg mierzy również naszą wiarę i zgodnie z tą miarą nagrodzi nas według naszych uczynków, oraz że Bóg spełnia swoje obietnice.

2. Nowe Jeruzalem w kształcie sześcianu

Bóg szczegółowo zapisał rozmiar oraz kształt Nowego Jeruzalem w Biblii. W Apokalipsie 21,16 mówi nam, że miasto ma kształt sześcianu, jego długość, szerokość i wysokość wynoszą po 2400 km. Niektórzy zastanawiają się, czy nie będziemy czuli się, jakbyśmy byli uwięzieni. Jednak Bóg przygotował wnętrze Nowego Jeruzalem, aby było wygodne i przyjemne. Ponadto, nie da się zajrzeć z zewnątrz do środka miasta, jednak ludzie, którzy są wewnątrz mogą oglądać to, co jest na zewnątrz. Innymi słowy, nie ma powodu, dla którego czulibyśmy się niekomfortowo przebywając w mieście.

Jednakowa wysokość, szerokość i długość

Dlaczego Bóg zbudował Nowe Jeruzalem w kształcie kwadratu? Taka sama długość i szerokość reprezentują porządek, dokładność, sprawiedliwość oraz dobroć miasta Nowe Jeruzalem. Bóg kontroluje wszystkie rzeczy, aby niezliczone gwiazdy, księżyc, słońce, układ słoneczny oraz reszta wszechświata działały dokładnie i właściwie. Podobnie, Bóg zbudował Nowe Jeruzalem w kształcie kwadratu, aby wyrazić, że kontroluje wszystko oraz realizuje swoje plany dokładnie i aż do końca.

Nowe Jeruzalem ma jednakową szerokość i długość oraz dwanaście bram i dwanaście fundamentów – trzy po każdej stronie. Niniejsza dokładność symbolizuje fakt, że wszędzie na ziemi, zasady będą stosowane dokładnie i jednakowo w stosunku do wszystkich, którzy chcą wejść do Nowego Jeruzalem. Ludzie, których wiara zostanie zmierzona złotą trzciną i uznana za wystarczającą, wejdą do Nowego Jeruzalem bez względu na płeć, wiek czy rasę.

A wszystko dlatego, że sprawiedliwy Bóg sądzi w sprawiedliwości i mierzy naszą wiarę, abyśmy mogli wejść do Nowego Jeruzalem. Co więcej, kwadrat reprezentuje północ, południe, wschód i zachód. Bóg zbudował Nowe Jeruzalem i powołał swoje doskonałe dzieci, które zostaną zbawione w wierze ze wszystkich krańców ziemi.

W Apokalipsie 21,16 napisano: *„A Miasto układa się w czworobok i długość jego tak wielka jest, jak i szerokość. I zmierzył Miasto trzciną poprzez dwanaście tysięcy stadiów: długość, szerokość i wysokość jego są równe."* „Dwanaście tysięcy stadiów" oznacza 2400 km. Nowe Jeruzalem mierzy 2400 km na długość, szerokość i wysokość.

Również w Apokalipsie 21,17 czytamy: *„I zmierzył jego mur – sto czterdzieści cztery łokcie: miara, która ma anioł, jest miarą człowieka."*

Mury Nowego Jeruzalem są grube na 72 jardy, co oznacza 65 metrów. Miasto jest olbrzymie, a jego mury są bardzo grube.

Rozdział 4

Wykonany z czystego złota oraz różnobarwnych drogich kamieni

1. Zdobiony czystym złotem oraz drogimi kamieniami
2. Mury Nowego Jeruzalem wykonane z jaspisu
3. Wykonane ze złota czystego niczym kryształ

> *„A mur jego jest zbudowany z jaspisu, a Miasto – to czyste złoto do szkła czystego podobne."*
> - Apokalipsa 21,18 -

Przypuśćmy, że masz bogactwo i władzę, aby zbudować dom, w którym mieszkałbyś na wieki ze swoimi ukochanymi. Jak byś go zaprojektował? Jakich użyłbyś materiałów? Bez względu na koszt, czas oraz siłę potrzebną do jego zbudowania, prawdopodobnie chciałbyś zbudować możliwie najpiękniejszy I najbardziej urokliwy dom.

Tak samo, czy Bóg nie chciałby zbudować Nowego Jeruzalem możliwie najpiękniej z najlepszych materiałów, aby Jego dzieci mogły mieszkać tam na wieki? Co więcej, każde tworzywo w Nowym Jeruzalem ma inne znaczenie, dzięki któremu będziemy pamiętać o czasach, kiedy nasza wiara i miłość do Boga nie zachwiały się. Wszystko będzie wspaniałe.

Dla ludzi, którzy tęsknią za Nowym Jeruzalem naturalne jest, że pragną dowiedzieć się o nim jak najwięcej.

Bóg zna serca tych ludzi i przekazał szczegółowe informacje o Nowym Jeruzalem w Biblii, łącznie z jego rozmiarem, kształtem, a nawet grubością murów.

Z czego wykonane jest Nowe Jeruzalem?

1. Zdobione czystym złotem oraz drogimi kamieniami

Nowe Jeruzalem, które Bóg przygotował dla swoich dzieci, jest wykonane z czystego złota, które nigdy się nie zmienia oraz udekorowane drogimi kamieniami. W niebie nie ma takich materiałów jak ziemia, która ulega zmianom wraz z upływającym czasem. Drogi w Nowym Jeruzalem są wykonane z czystego złota, a jego fundamenty z drogich kamieni. Skoro piasek na brzegu rzeki życia jest złoty i srebrny, o ileż bardziej zachwycające będą materiały, z których wykonano budynki?

Nowe Jeruzalem: Boże dzieło sztuki

Spośród wszystkich znanych na świecie budynków, ich blask, wartość, elegancja oraz delikatność różnią się pod względem struktury oraz w zależności od materiałów, z których zostały zbudowane. Marmur jest bardziej błyszczący, elegancki i piękniejszy niż piasek, drewno czy beton.

Czy potrafisz sobie wyobrazić, jak piękny i wspaniały byłby budynek, gdybyś zbudował go ze złota i drogocennych kamieni? Jakże wspaniałe i piękne będą budynki w niebie wykonane z najpiękniejszych materiałów.

Złoto i drogie kamienie w niebie mają inną jakość, kolor oraz są lepiej oczyszczone niż te na ziemi. Ich czystość oraz światło lśni tak pięknie, że nie da się tego wyrazić słowami.

Nawet na ziemi, wiele naczyń może zostać wykonanych z tej samej gliny. Mogą być chińską porcelaną lub tanią ceramiką, w zależności od rodzaju gliny oraz poziomu umiejętności garncarza. Zbudowanie Nowego Jeruzalem zajęło Bogu tysiące lat. Jego dzieło sztuki wypełnione jest wspaniałą, cenną i doskonała chwałą Architekta.

Czyste złoto oznacza wiarę i życie wieczne

Czyste złoto jest złotem w 100% i nie ma żadnych

zanieczyszczeń. Jest jedyną rzeczą, która nie ulega zmianom na tej ziemi. Z tego względu, wiele krajów używa złota jako swojej waluty. Złoto jest również używane w celach dekoracyjnych oraz przemysłowych. Czyste złoto jest poszukiwane oraz uwielbiane przez wielu ludzi.

Bóg dał nam złoto, abyśmy uświadomili sobie, że są rzeczy, które nigdy się nie zmieniają, oraz że istnieje wieczny świat. Rzeczy na tej ziemi zużywają się i zmieniają z upływem czasu. Gdybyśmy mieli tylko takie rzeczy, z naszą ograniczoną wiedzą trudno byłoby nam uświadomić sobie, że istnieje wieczne niebo.

Dlatego Bóg pozwala nam poznać, czym jest wieczność dzięki złotu, które nigdy się nie zmienia. Musimy sobie uświadomić, że niektóre rzeczy nigdy się nie zmieniają i mieć nadzieję na życie wieczne. Czyste złoto symbolizuje wiarę duchową, które nie zmienia się. Dlatego, jeżeli jesteś mądry, będziesz próbować zyskać wiarę, która jest jak niezmienne złoto.

W niebie jest wiele rzeczy wykonanych z czystego złota. Wyobraź sobie, jak wdzięczni będziemy, patrząc na niebo wykonane z czystego złota, które uważamy za najcenniejsze na tej ziemi.

Niemądrzy ludzie używają złota jedynie po to, aby zwiększyć swoje bogactwo. Nie żyją blisko Boga i nie kochają Go, dlatego w końcu zostaną wrzuceni do jeziora ognia i siarki. Będą na wieki żałować tego, co zrobili, mówiąc: „Nie cierpiałbym w piekle, gdybym uważał wiarę za coś cennego, a nie pragnął złota ponad wszystko inne."

Dlatego, mam nadzieję, że będziesz mądry i zdobędziesz niebo, próbując zachować niezmienną wiarę, a nie złoto tego świata, które i tak będziesz musiał zostawić, kiedy skończy się twoje życie na ziemi.

Drogie kamienie symbolizują Bożą chwałę i miłość

Drogie kamienie są solidne i mają wysoki współczynnik załamania światła. Lśnią w pięknych kolorach. Ponieważ niewiele z nich jest produkowanych, ludzie kochają je i uważają za cenne. W niebie, Bóg ubierze zbawionych w piękne szaty i ozdobi ich wieloma drogimi kamieniami, aby wyrazić swoją miłość.

Ludzie uwielbiają drogie kamienie i upiększają się, używając różnych ozdób. Jakże wspaniale będziemy się czuli, kiedy otrzymamy wspaniałe drogie kamienie od Boga w niebie?

Ktoś może zapytać: „Do czego będą nam potrzebne drogie kamienie w niebie?" Drogie kamienie w niebie będą reprezentować Bożą chwałę, a ilość drogich kamieni, którą otrzyma każda zbawiona osoba reprezentuje miłość Bożą do danej osoby.

W niebie jest niezliczona ilość rodzajów i kolorów drogich kamieni. Dwanaście fundamentów Nowego Jeruzalem ozdobiono szafirem w kolorze ciemno niebieskim, szmaragdem w kolorze zielonym, rubinem w kolorze ciemno czerwonym i chryzolitem w kolorze żółto-zielonym. Beryl w kolorze morskim przypomina czyste wody morskie, a topaz lśni pomarańczem. Chryzopaz jest ciemno zielony, a ametyst jasno fioletowy i purpurowy.

Oprócz nich w niebie jest bardzo wiele innych kamieni drogocennych, które lśnią pięknymi kolorami, jak na przykład jaspis, chalcedon, sardonyks i hiacynt. Wszystkie kamienie mają różne nazwy i znaczenie tak, jak kamienie na tej ziemi. Kolory i nazwy każdego kamienia wyrażają godność, dumę, wartość i chwałę.

Tak, jak na tej ziemi drogocenne kamienie mają różne kolory i lśnią różnymi światłami, drogocenne kamienie w niebie mają również różne kolory i lśnią światłem. Natomiast drogocenne kamienie w Nowym Jeruzalem lśnią jeszcze bardziej i odbijają dwu-lub trzykrotnie więcej światła.

Oczywiście te kamienie są piękniejsze i nieporównywalne z kamieniami, które można znaleźć na tej ziemi, ponieważ Bóg sam polerował je mocą stworzenia. Dlatego apostoł Jan mówił o pięknie Nowego Jeruzalem jako o drogocennym kamieniu.

Ponadto, drogocenne kamienie w Nowym Jeruzalem lśnią piękniejszym światłem niż kamienie w innych częściach nieba, ponieważ Boże dzieci, które wejdą do Nowego Jeruzalem, w pełni będą odzwierciedlać charakter Boga i otrzymają Jego chwałę. Dlatego wnętrze i zewnętrze Nowego Jeruzalem jest ozdobione wieloma pięknymi drogocennymi kamieniami w różnych kolorach. Nie każdy otrzyma takie kamienie, ponieważ zostaną one podarowane tylko tym ludziom, którzy postępowali zgodnie z wiarą, żyjąc na tej ziemi.

2. Mury Nowego Jeruzalem wykonane z jaspisu

Apokalipsa 21,18 mówi, że mury Nowego Jeruzalem są wykonane z jaspisu. Czy możesz sobie wyobrazić, jak niesamowite muszą być mury miasta, skoro w całości wykonane są z jaspisu?

Jaspis oznacza duchową wiarę

Jaspis, który można znaleźć na ziemi, jest zazwyczaj solidny i nieprzejrzysty. Może mieć różne kolory: zielony, czerwony lub żółto-zielony. Bywa, że kamień jest różnokolorowy lub ma plamki. W zależności od koloru, różna jest także jego trwałość. Jaspis jest dość tani i niektóre jego rodzaje charakteryzują się kruchością. Jednak jaspis w niebie uczyniony przez Boga nigdy się nie kruszy ani nie pęka. Jaspis w niebie ma niebieskawo biały kolor i jest przeźroczysty, więc patrząc na niego wydaję się, że patrzymy w wodę. Pomimo, że nie można go porównać z niczym na ziemi, jaspis podobny jest do wspaniałego światła słonecznego odbijającego się w falach oceanu.

Jaspis symbolizuje duchową wiarę. Wiara jest najistotniejszym i najbardziej fundamentalnym elementem życia chrześcijańskiego. Bez wiary nie możemy otrzymać zbawienie ani sprawić radość Bogu. Co więcej, bez wiary, która nie raduje Boga, nie możemy wejść do Nowego Jeruzalem.

Dlatego, Nowe Jeruzalem jest zbudowane z wiarą, a kamieniem, który symbolizuje wiarę jest właśnie jaspis. Dlatego mury Nowego Jeruzalem są zbudowane z jaspisu.

Kiedy Biblia mówi nam, że „mury Nowego Jeruzalem są zbudowane na wierze", czy ludzie rozumieliby takie wyrażenie? Oczywiście, jako ludzie nie bylibyśmy w stanie zrozumieć takiego określenia i trudno byłoby ludziom wyobrazić sobie, jak pięknie udekorowane jest Nowe Jeruzalem.

Mury zbudowane z jaspisu błyszczą jasnym światłem Bożej

chwały i są ozdobione różnymi wzorami.

Nowe Jeruzalem jest dziełem sztuki Boga Stworzyciela i miejscem wiecznego odpoczynku po 6000 lat istnienia ziemi. Jakże wspaniałe, piękne i cudowne musi być Nowe Jeruzalem?

Musimy sobie uświadomić, że Nowe Jeruzalem jest zbudowane za pomocą najlepszej technologii oraz sprzętu, którego działania nie potrafimy sobie nawet wyobrazić.

Pomimo, że mury są przeźroczyste, wnętrze nie jest widoczne spoza miasta. Jednakże, nie oznacza to, że mieszkańcy miasta będą czuli się uwięzieni. Mieszkańcy Nowego Jeruzalem mogą patrzeć na to, co dzieje się poza miastem z wnętrza i będzie im się wydawać, że nie ma żadnych murów. Jakże cudowne to będzie!

3. Wykonane ze złota czystego niczym kryszta

W Apokalipsie 21,18 czytamy: *„Miasto – to czyste złoto do szkła czystego podobne."* Zastanówmy się nad cechami charakterystycznymi złota, abyśmy mogli wyobrazić sobie Nowe Jeruzalem oraz uchwycić jego piękno.

Czyste złoto ma niezmienną wartość

Złoto nie ulega utlenieniu pod wpływem wody i powietrza. Nie zmienia się ani nie ulega reakcjom chemicznym pod wpływem innych substancji. Złoto zawsze pozostaje takie same – piękne i wspaniałe. Złoto tej ziemi jest zbyt miękkie, dlatego robi się stopy. Złoto w niebie nie jest miękkie. Złoto i inne kamienie w niebie błyszczą pięknymi kolorami, mają różną wytrzymałość niż te na ziemi, ponieważ wpływa na nie chwała Boża.

Nawet na tej ziemi, elegancja i wartość drogich kamieni różni się zgodnie z umiejętnościami i technikami stosowanymi przez jubilera. Jakże piękne i cenne będą kamienie Nowego Jeruzalem, skoro obrabia je sam Bóg?

W niebie nikt nie odczuwa potrzeby ani nie pożąda pięknych rzeczy. Na ziemi ludzie kochają drogocenne kamienie za ich wystawność i próżną sławę, jednak w niebie będą duchowo kochać drogie kamienie, ponieważ będą znać ich duchowe znaczenie i zrozumieją miłość Boga, który przygotował i ozdobił niebo pięknymi kamieniami.

Bóg ozdobił Nowe Jeruzalem czystym złotem

Dlaczego Bóg ozdobił Nowe Jeruzalem złotem czystym jak szkło? Jak wyjaśniliśmy wcześniej, czyste złoto w duchowym sensie oznacza wiarę, nadzieję, która rodzi się z wiary, bogactwo, honor i władzę. „Nadzieja, która rodzi się z wiary" oznacza, że możemy otrzymać zbawienie, mieć nadzieję na Nowe Jeruzalem, odrzucić grzech, uświęcić się i oczekiwać na nagrody z nadzieją – a wszystko dzięki wierze.

Dlatego Bóg ozdobił miasto czystym złotem, aby ci, którzy wejdą do Nowego Jeruzalem z wielką nadzieją byli zawsze wypełnieni wdzięcznością i szczęściem.

W Apokalipsie 21,18 czytamy, że Nowe Jeruzalem jest „jak czyste szkło", co oznacza, że krajobraz Nowego Jeruzalem jest czysty i doskonały. Złoto w niebie jest czyste, a nie matowe tak, jak złoto na ziemi.

Nowe Jeruzalem jest czyste i nieskazitelne, ponieważ jest wykonane z czystego złota. Dlatego apostoł Jan opisał miasto, mówiąc: „czyste złoto niczym czyste szkło."

Spróbuj sobie wyobrazić Nowe Jeruzalem wykonane z czystego złota oraz wielu różnokolorowych drogocennych kamieni.

Kiedy przyjąłem Jezusa, uznałem złoto i drogocenne kamienie za zwyczajne kamienie i nigdy nie chciałem ich mieć. Miałem nadzieję na niebo i nie kochałem rzeczy tego świata. A jednak, kiedy modliłem się, aby dowiedzieć się więcej o niebie, Pan powiedział mi: „W niebie wszystko wykonane jest ze złota i drogocennych kamieni; powinieneś je pokochać." Bóg nie miał na myśli tego, aby zaczął zbierać złoto i drogocenne kamienie. Zamiast tego, miałem uświadomić sobie Bożą opatrzność i duchowe znaczenie kamienie oraz pokochać je, ponieważ Bóg uczynił je symbolami Nowego Jeruzalem.

Zachęcam cię, abyś w duchowym sensie pokochał złoto i drogocenne kamienie. Kiedy zobaczysz złoto, pomyślisz: „Powinienem mieć wiarę jak czyste złoto." Kiedy zobaczysz inne drogocenne kamienie, możesz mieć nadzieję na niebo, mówiąc: „Jakże piękny będzie mój dom w niebie?"

Modlę się w imieniu Pana Jezusa Chrystusa, abyś otrzymał piękny dom w niebie wykonany ze złota i wspaniałych drogocennych kamieni, dzięki zachowaniu wiary jak czyste złoto i podążaniu w kierunku nieba.

Rozdział 5

Znaczenie dwunastu fundamentów

1. Jaspis: Wiara duchowa

2. Szafir: Prawość i uczciwość

3. Chalcedon: Niewinność i ofiarna miłość

4. Szmaragd: Sprawiedliwość i czystość

5. Sardonyks: Duchowa wierność

6. Rubin: Miłość

7. Chryzolit: Łaska

8. Beryl: Cierpliwość

9. Topaz: Duchowa dobroć

10. Chryzopraz: Samokontrola

11. Opal: Czystość i świętość

12. Ametyst: Piękno i łagodność

„A warstwy fundamentu pod murem Miasta zdobne są wszelakim drogim kamieniem. Warstwa pierwsza – jaspis, druga – szafir, trzecia – chalcedon, czwarta – szmaragd, piąta – sardoniks, szósta – krwawnik, siódma – chryzolit, ósma – beryl, dziewiąta – topaz, dziesiąta – chryzopraz, jedenasta – hiacynt, dwunasta – ametyst."

- Apokalipsa 21,19-20 -

Apostoł Jan szczegółowo opisał dwanaście fundamentów. Dlaczego Jan tak dokładnie opisał Nowe Jeruzalem? Bóg pragnie, aby Jego dzieci posiadły wieczne życie oraz prawdziwą wiarę dzięki wiedzy na temat duchowego znaczenia dwunastu fundamentów Nowego Jeruzalem.

Dlaczego Bóg zrobił dwanaście fundamentów z dwunastoma drogocennymi kamieniami? Połączenie dwunastu drogocennych kamieni reprezentuje serce Boga i Jezusa Chrystusa – punkt kulminacyjny miłości. Jeżeli rozumiesz duchowe znaczenie każdego z dwunastu drogocennych kamieni, łatwo rozróżnisz, jak bardzo twój charakter jest podobny do charakteru Jezusa oraz jak bardzo nadajesz się do tego, aby wejść do Nowego Jeruzalem.

Przyjrzyjmy się dwunastu drogocennym kamieniom oraz ich duchowemu znaczeniu.

1. Jaspis: Wiara duchowa

Jaspis, pierwszy fundament murów Nowego Jeruzalem, oznacza duchową wiarę. Wiara może być podzielona na wiarę duchową i wiarę cielesną. Wiara cielesna dotyczy wiedzy, natomiast wiara duchowa obejmuje wiarę, której towarzyszą uczynki, pochodzące z głębi serca. Bóg pragnie wiary duchowej. Jeżeli nie posiadasz wiary duchowej, twojej wierze nie będą towarzyszyć uczynki, dlatego nie będziesz radością dla Boga ani nie będziesz mógł wejść do Nowego Jeruzalem.

Wiara duchowa jest podstawą chrześcijańskiego życia

Wiara duchowa odnosi się do rodzaju wiary, dzięki której człowiek w pełni wierzy w Boże słowo. Jeżeli masz wiarę, której towarzyszą uczynki, będziesz pragnął uświęcenia i będziesz podążać do Nowego Jeruzalem. Wiara duchowa jest najważniejszym elementem chrześcijańskiego życia. Bez wiary, nie można być zbawionym, otrzymać odpowiedzi na modlitwę i mieć nadzieję na niebo.

W Liście do Hebrajczyków 11,6, autor przypomina nam: *„Bez wiary zaś nie można podobać się Bogu. Przystępujący bowiem do Boga musi uwierzyć, że [Bóg] jest i że wynagradza tych, którzy Go szukają."* Jeżeli masz prawdziwą wiarę, będziesz wierzyć w Boga, który przygotował dla ciebie nagrodę, będziesz wierny, będziesz walczył z grzechem, aby odrzucić go i podążać wąską ścieżką. Będziesz czynił dobrze i wejdziesz do Nowego Jeruzalem.

Wiara jest podstawą chrześcijańskiego życia. Tak jak budynek nie jest bezpieczny, jeżeli nie ma odpowiedniego fundamentu, tak człowiek nie jest w stanie prowadzić chrześcijańskiego życia bez wiary. W Liście Judy 1,20-21 czytamy: *„Wy zaś, umiłowani, budując samych siebie, na fundamencie waszej najświętszej wiary, w Duchu Świętym się módlcie i w miłości Bożej strzeżcie samych siebie, oczekując miłosierdzia Pana naszego Jezusa Chrystusa, /które wiedzie/ ku życiu wiecznemu."*

Abraham, ojciec wiary

Najlepszą postacią biblijną, która niezmiennie wierzyła w

słowo Boże oraz wydawała owoce posłuszeństwa jest Abraham. Został nazwany „Ojcem wiary", ponieważ jego wiara była niezmienna, a uczynki doskonałe.

Został szczególnie pobłogosławiony przez Boga w wieku 75 lat. Była to obietnica, że Bóg uczyni z niego naród wielki, a Abraham będzie źródłem błogosławieństw. Abraham uwierzył słowo Boga i opuścił swoje miasto, jednak przez ponad 20 lat nie mógł mieć syna, który byłby jego spadkobiercą.

Czas mijał, a Abraham i jego żona Sara byli zbyt starzy, żeby mieć dzieci. Nawet w takiej sytuacji, czytamy w Liście do Rzymian 4,19-20: *„I nie zachwiał się w wierze."* Jego wiara rosła i w pełni wierzył obietnicy Boga. Bóg spełnił swoją obietnicę i dał Abrahamowi syna, kiedy skończył 100 lat.

Jest jeszcze jedna sytuacja, w której wiara Abrahama jaśniała jeszcze bardziej. Bóg rozkazał Abrahamowi złożyć swojego jedynego syna Izaaka w ofierze. Abraham nie wątpił w słowo Boże, kiedy Bóg powiedział, że da mu nieliczne potomstwo przez Izaaka. Ponieważ Abraham miał mocną wiarę w Słowo Boże, wiedział, że Bóg wzbudzi Izaaka z martwych, nawet jeżeli Abraham złoży go w ofierze całopalnej.

Dlatego Abraham natychmiast usłuchał Boga. Dzięki temu Abraham mógł zostać nazwany ojcem wiary. Ponadto, przez potomstwo Abrahama powstał naród izraelski. Tak więc owoc wiary został spełniony według obietnicy.

Ponieważ Abraham wierzył Bogu i Jego słowu, był posłuszny temu, co mu powiedziano. To jest przykład duchowej wiary.

Piotr otrzymuje klucze do królestwa niebieskiego

Rozważmy przykład osoby, która ma taki rodzaj duchowej wiary. Jaką wiarę miał apostoł Piotr, skoro jego imię zostało zapisane na jednym z fundamentów Nowego Jeruzalem? Nawet zanim został powołany na apostoła, wiemy, że Piotr był posłuszny Jezusowi. Na przykład, kiedy Jezus powiedział Piotrowi, aby zapuścił sieci, Piotr natychmiast usłuchał (Łuk. 5,3-6). Poza tym, kiedy Jezus nakazał Piotrowi przyprowadzić oślicę i oślątko, Piotr wiernie usłuchał (Mat. 21,1-7). Piotr usłuchał Jezusa, kiedy ten powiedział mu, aby poszedł nad jezioro, złapał rybę i wyciągnął z jej pyszczka monetę (Mat. 17,27). Ponadto, Piotr chodził po wodzie tak, jak Jezus mimo, że tylko przez chwilę. Dzięki tym historiom mamy wgląd w to, jak wielka była wiara Piotra.

W rezultacie, Jezus uznał wiarę Piotra za sprawiedliwą i dał mu klucze do królestwa niebieskiego tak, aby cokolwiek zwiąże na ziemi było związane w niebie, a cokolwiek rozwiąże na ziemi było rozwiązane i w niebie (Mat. 16,19). Wiara Piotra uległa udoskonaleniu, kiedy otrzymał Ducha Świętego, odważnie głosił o Jezusie i poświęcił się dla królestwa Bożego do końca swojego życia aż do momentu męczeńskiej śmierci.

Powinniśmy biec w kierunku nieba tak samo jak Piotr, oddawać chwałę Bogu i posiąść Nowe Jeruzalem z wiarą, która będzie radością dla Jezusa.

2. Szafir: Prawość i uczciwość

Szafir, drugi fundament murów Nowego Jeruzalem, ma

przeźroczysty ciemnoniebieski kolor. Jakie jest duchowe znaczenie szafiru? Szafir oznacza prawość i spójność prawdy, która twardo stawia czoła pokusom i groźbom tego świata. Szafir jest kamieniem, który symbolizuje światło prawdy, które niezmiennie dąży w wyznaczonym kierunku, oraz „prawe serce", które realizuje Bożą wolę.

Daniel i jego trzech przyjaciół

Dobrym przykładem duchowej prawości i uczciwości w Biblii jest Daniel i jego trzech przyjaciół – Szadrach, Meszach i Abednego. Daniel nie poszedł na kompromis pod żadnym względem. Nigdy nie sprzeciwił się Bogu, nawet kiedy było to zgodne z rozkazem króla. Daniel trwał w sprawiedliwości przed Bogiem, nawet kiedy został wrzucony do lwiej jamy. Bóg był zadowolony z prawości Daniela i chronił go. Wysłał aniołów, którzy zamknęli paszcze lwom i dał mu możliwość wspaniale uwielbić Boga.

W Księdze Daniela 3,16-18 czytamy, że troje przyjaciół Daniela również niezmiennie trwało w wierze nawet, kiedy zostali wrzuceni do płonącego pieca. Aby nie popełnić grzechu bałwochwalstwa, odważnie wyznali przed królem:

> *„Szadrak, Meszak i Abed-Nego odpowiedzieli, zwracając się do króla Nabuchodonozora: Nie musimy tobie, królu, odpowiadać w tej sprawie. Jeżeli nasz Bóg, któremu służymy, zechce nas wybawić z rozpalonego pieca, może nas wyratować z twej ręki, królu! Jeśli zaś nie, wiedz, królu, że nie będziemy czcić twego boga, ani oddawać pokłonu złotemu*

posągowi, który wzniosłeś."

Na koniec, pomimo że zostali wrzuceni do pieca rozgrzanego siedem razy bardziej niż zwykle, przyjaciele Daniela nie ulegli ani trochę, ponieważ Bóg był z nimi. Jakże wspaniałe jest to, że nawet włos z ich głowy nie spalił się, ani nie było czuć od nich zapachu ognia. Król, który był świadkiem tych rzeczy, oddał chwałę Bogu i awansował trzech przyjaciół Daniela.

Powinniśmy prosić z wiarą i bez powątpiewania

Jakub 1,6-8 mówi nam, jak bardzo Bóg nienawidzi nieprawego serca:

> *„Niech zaś prosi z wiarą, a nie wątpi o niczym. Kto bowiem żywi wątpliwości, podobny jest do fali morskiej wzbudzonej wiatrem i miotanej to tu, to tam. Człowiek ten niech nie myśli, że otrzyma cokolwiek od Pana, bo jest mężem chwiejnym, niestałym we wszystkich swych drogach."*

Jeżeli nasze serce jest nieprawe i wątpimy w Słowo Boże, mamy dwie osobowości. Ci, którzy wątpią są skłonni i ulegają pokusom tego świata, ponieważ są nieuważni i chytrzy. Co więcej, tacy ludzie nie są w stanie ujrzeć Bożej chwały, ponieważ nie mogą wykazać wiary i być posłuszni. Dlatego Bóg w Piśmie Świętym przypomina nam: *„Człowiek ten niech nie myśli, że otrzyma cokolwiek od Pana"* (Jakub 1,7).

Krótko po założeniu mojego kościoła, moje trzy córki prawie umarły z powodu zatrucia tlenkiem węgla. Jednak nie martwiłem się, ani nie myślałem o tym, aby zabrać je do szpitala, ponieważ w pełni wierzyłem wszechmogącemu Bogu. Poszedłem do sanktuarium, ukląkłem i modliłem się z wdzięcznością. Później modliłem się z wiarą: „Rozkazuję w imieniu Jezusa Chrystusa, trujący gazie, odejdź!" Moje córki, które były nieprzytomne, wstały natychmiast i modliły się o siebie nawzajem. Wielu członków kościoła, którzy byli świadkami tego wydarzenia, było zaskoczonych i radosnych. Z wdzięcznością uwielbiali Boga.

Jeżeli mamy wiarę, która nie pozwala iść nam na kompromis z tym światem oraz prawe serca, które są radością dla Boga, możemy uwielbiać Go i prowadzić błogosławione życie w Chrystusie.

3. Chalcedon: Niewinność i ofiarna miłość

Chalcedon, trzeci fundament murów Nowego Jeruzalem, symbolizuje niewinność oraz ofiarną miłość w duchowym sensie.

Niewinność oznacza czystość oraz nieskazitelność działania i serce bez winy. Jeżeli człowiek jest w stanie poświęcić się w czystości serca, jest to serce duchowe zawarte w chalcedonie.

Ofiarna miłość jest rodzajem miłości, która nigdy nie oczekuje nic w zamian, jeżeli czyni coś dla sprawiedliwości oraz królestwa Bożego. Jeżeli człowiek posiada miłość ofiarną, będzie uświęcony dzięki umiłowaniu innych ludzi bez względu na sytuację i nie oczekiwaniu nic w zamian. Miłość duchowa nie szuka korzyści, a jedynie dobra innych ludzi.

W miłości cielesnej, człowiek odczuwa pustkę, smutek

i złamane serce, jeżeli nie odczuwa, że jest kochany z wzajemnością, ponieważ taka miłość jest w naturze egoistyczna. Dlatego, człowiek, który kieruje się cielesną miłością może w końcu znienawidzić innych i stać się wrogiem osób, z którymi wcześniej był blisko.

Dlatego, musimy sobie uświadomić, że prawdziwa miłość jest miłością Pana Jezusa, który ukochał rodzaj ludzki i złożył ofiarę w postaci swojej krwi.

Ofiarna miłość, która niczego nie oczekuje w zamian

Nasz Pan Jezus, który jest z natury Bogiem, uniżył się i zszedł na ziemię w ciele, aby zbawić rodzaj ludzki. Urodził się w stajence i leżał z żłobie, aby zbawić ludzi, którzy zachowują się jak zwierzęta. Prowadził biedne życie, aby nas zbawić z ubóstwa. Jezus uzdrawiał chorych, wzmacniał słabych, dawał nadzieję smutnym i był przyjacielem samotnych. Okazał nam miłość i dobro, za które został zraniony, zbity i ukrzyżowany przez złych ludzi, którzy nie wiedzieli, że przyszedł jako nasz Zbawiciel.

Jezus, pomimo cierpienia i bólu, modlił się do Boga Ojca w miłości za tymi, którzy Go ukrzyżowali. Był bez skazy i bez winy, ale poświęcił siebie za grzeszników. Nasz Pan okazał swoją miłość ludziom i chciał, aby ludzie kochali się nawzajem. Dlatego my, którzy otrzymaliśmy taki rodzaj miłości od Pana, nie powinniśmy chcieć ani oczekiwać niczego w zamian, jeżeli naprawdę kochamy innych ludzi.

Rut, która okazała ofiarną miłość

Rut nie była Izraelitką, lecz Moabitką. Poślubiła jednego z synów Noemi, która zamieszkała wraz z rodziną w ziemi moabskiej, aby uciec przed głodem w ziemi izraelskiej. Noemi miała dwóch synów i obaj wzięli sobie za żony Moabitki. Oboje zmarli w ziemi moabskiej.

W niniejszych okolicznościach, kiedy Noemi dowiedziała się, że głód w ziemi izraelskiej skończył się, chciała wracać do Izraela. Noemi zasugerowała swoim synowym, żeby zostały w Moabie, swojej ojczyźnie. Jedna z nich początkowo odmówiła, jednak w końcu powróciła do swoich rodziców. Natomiast Rut nalegała i podążyła za swoją teściową.

Jeśli Rut nie posiadałaby ofiarnej miłości, nie byłaby w stanie tego zrobić. Rut pragnęła wspierać swoją teściową, która była bardzo stara. Co więcej, zamierzała zamieszkać w zupełnie obcej ziemi. Nie było tam dla niej nagrody, mimo że służyła teściowej bardzo wiernie.

Rut pokazała, czym jest miłość ofiarna w stosunku do swojej teściowej, z którą nie była tak naprawdę spokrewniona. W rzeczywistości teściowa była dla niej zupełnie obcą osobą. Jednak postanowiła iść z nią, ponieważ Rut również wierzyła w Boga, w którego wierzyła jej teściowa. Oznacza to, że ofiarna miłość Rut nie była związana z poczuciem obowiązku. Była to duchowa miłość, która narodziła się dzięki wierze w Boga.

Rut przybyła do Izraela ze swoją teściową i pracowała bardzo ciężko. W ciągu dnia zbierała pozostałości zboża, aby mieć co jeść i służyła swojej teściowej. O jej dobroci usłyszeli ludzie mieszkający wokół. W końcu, Rut otrzymała wiele błogosławieństw dzięki Boazowi, który był krewnym i odkupicielem wśród krewnych jej teściowej.

Wielu ludzi uważa, że jeżeli ukorzą się i poświęcą, ich wartość zmniejszy się. Dlatego tak trudno jest im poświęcić się lub ukorzyć. Jednak ci, którzy się poświęcają, nie mając żadnych egoistycznych motywów, lecz posiadają czyste serce, godni staną przed Bogiem i innymi ludźmi. Dobroć i miłość będą lśnić dla innych jako duchowe światło. Bóg przyrównuje światło ofiarnej miłości do światła chalcedonu, trzeciego kamienia węgielnego.

4. Szmaragd: Sprawiedliwość i czystość

Szmaragd, czwarty fundament murów Nowego Jeruzalem, jest zielony i symbolizuje piękno oraz łagodną zieleń przyrody. Szmaragd w duchowym sensie oznacza sprawiedliwość i czystość, oraz owoc światłości, jak zapisano w Liście do Efezjan 5,9: *„Owocem bowiem światłości jest wszelka prawość i sprawiedliwość, i prawda."* Kolor, który ma w sobie harmonię wszelkiego dobra, sprawiedliwości i prawdy jest taki sam w duchowym sensie jak światło szmaragdu. Tylko jeżeli posiadamy całą dobroć, sprawiedliwość i prawdę, możemy posiadać prawdziwą sprawiedliwość w oczach Boga.

Nie możemy mieć tylko dobroci, bez sprawiedliwości lub tylko sprawiedliwości bez dobroci. Dobroć i sprawiedliwość muszą byś prawdziwe. Prawda jest czymś, co nigdy się nie zmienia. Dlatego, nawet jeżeli posiadamy dobroć i sprawiedliwość, bez prawdy nie mają one znaczenia.

Bóg uważa człowieka za sprawiedliwego, jeżeli człowiek odcina się od grzechu, zachowuje przykazania Boże zapisane w Biblii, oczyszcza się od nieczystych rzeczy, jest wierny przez całe życie. Ponadto, aby zostać uznanym za sprawiedliwego należy również szukać królestwa Bożego i Jego sprawiedliwości, być uczciwym i zdyscyplinowanym, nie ustępować w kwestii sprawiedliwego postępowania, być trwałym i prawym.

Bez względu na to, jak cierpliwi i dobrzy możemy być, nie będziemy wydawać owoców światłości, jeżeli nie jesteśmy sprawiedliwi. Przypuśćmy, że ktoś chwyta twojego ojca za gardło i obraża go, pomimo że twój ojciec jest niewinny. Jeżeli będziesz cicho i pozwolisz twojemu ojcu cierpieć, nie można uznać tego za sprawiedliwość. Nie można powiedzieć, że dobrze wypełniasz swoje obowiązki jako syn w stosunku do swojego ojca.

Dlatego, dobroć bez sprawiedliwości nie jest duchową dobrocią w oczach Bożych. Jakże chytry i niezdecydowany umysł mógłby być dobry? Jednak, tak samo sprawiedliwość bez dobroci nie jest sprawiedliwością w oczach Bożych.

Sprawiedliwość i czystość Dawida

Dawid był drugim królem Izraela, zaraz po Saulu. Kiedy Saul był królem, Izrael walczył z Filistynami. Dawid był radością dla Boga i dzięki wierze pokonał Goliata. Dzięki temu, Izrael zdobył zwycięstwo.

A ponieważ ludzie kochali Dawida za to, co uczynił, Saul

próbował go zabić, bo był zazdrosny. Saul zapomniał o Bogu z powodu swojej arogancji i nieposłuszeństwu. Bóg obiecał, że uczyni Dawida królem zamiast Saula.

W tej sytuacji, Dawid traktował Saula z dobrocią, sprawiedliwością i prawością. Był niewinny, a jednak musiał uciekać przed Saulem, który przez długi czas pragnął jego śmierci. Pewnego razu, Dawid miał świetną okazję, aby zabić Saula. Żołnierze, którzy byli z Dawidem byli szczęśliwi i chcieli zabić Saula, jednak Dawid ich powstrzymał.

W 1 Księdze Samuela 24,7 czytamy: *„Odezwał się też do swych ludzi: Niech mię broni Pan przed dokonaniem takiego czynu przeciw mojemu panu i pomazańcowi Pańskiemu, bym miał podnieść rękę na niego, bo jest pomazańcem Pańskim."*

Pomimo, że Saul został odrzucony przez Boga, Dawid nie potrafił go skrzywdzić, ponieważ wcześniej Saul został przez Boga wyznaczony na króla. Ponieważ to Bóg miał władzę, aby pozwolić Saulowi żyć, Dawid nie przekroczył zakresu swojej mocy. Bóg powiedział, że serce Dawida było sprawiedliwe.

Jego sprawiedliwość towarzyszyła dobroci. Saul próbował zabić Dawida, jednak Dawid darował mu życie. To jest niezwykła dobroć. Nie odpłacił złem za zło, lecz odpłacał jedynie dobrymi słowami i uczynkami. Taka dobroć i sprawiedliwość były prawdziwe, więc pochodziły w wiary.

Kiedy Saul dowiedział się, że Dawid darował mu życie, był poruszony dobrocią i wydawało się, że się zmienił. Jednak wkrótce powróciły jego złe myśli i ponownie próbował zabić Dawida. Znów, Dawid miał okazję zabić Saula, ale znów pozwolił mu żyć. Dawid wykazał się dobrocią i sprawiedliwością niezmienną, które mogły zostać przyjęte przez Boga.

Gdyby Dawid zabił Saula za pierwszym razem, czy mógłby szybciej zostać królem poprzez takie cierpienie? Oczywiście, że mógł. Nawet jeśli musimy przechodzić przez więcej cierpienia i trudności, powinniśmy w swoim sercu wybrać sprawiedliwość Bożą. A jeśli Bóg raz uzna nas za sprawiedliwych, poziom Bożej ochrony, jaką otrzymamy będzie inny.

Dawid nie zabił Saula własnymi rękoma. Saul został zabity z rąk pogan. I tak, jak Bóg postanowił, Dawid został królem Izraela. Co więcej, po tym, jak Dawid został królem, prowadził bardzo silny naród. Najważniejszym powodem jest to, że Bóg był zadowolony ze sprawiedliwości i czystego serca Dawida.

Tym samym, nasza dobroć, sprawiedliwość i prawość muszą być harmonijne i doskonałe tak, abyśmy wydawali owoce światłości w obfitości – owoc szmaragdu, czwartego fundamentu oraz wydawali zapach sprawiedliwości, który zadowala Boga.

5. Sardonyks: Duchowa wierność

Sardonyks, piąty fundament murów Nowego Jeruzalem, w sensie duchowym symbolizuje wierność. Jeżeli tylko robimy to, co powinniśmy, nie można powiedzieć, że jesteśmy wierni. Zostaniemy uznani za wiernych, jeśli czynimy więcej niż się od nas oczekuje. Aby wykonać więcej niż to, co leży w zakresie naszych obowiązków, nie możemy być leniwi. Musimy być pilni i pracowici pod każdym względem, wykonując nasze obowiązki, a nawet więcej.

Przypuśćmy, że jesteś pracownikiem. Jeżeli tylko wykonujesz dobrze swoją pracę, czy można powiedzieć, że jesteś wierny? Robisz to, co powinieneś, więc nie można powiedzieć, że jesteś pracowity i wierny. Powinieneś uczynić więcej niż to, co ci powierzono i spróbować wykonać rzeczy, których ci nie przydzielono. Tylko wtedy zostaniesz nazwany prawdziwie wiernym.

Taki rodzaj pracowitości i wierności jest uznany przez Boga i oznacza wypełnianie obowiązków z całego serca, umysłu, duszy i życia. Taki rodzaj wierności musi obejmować wszystkie dziedziny: kościół, pracę i rodzinę. Wtedy naprawdę jesteś wierny całemu domowi Bożemu.

Aby być duchowo wiernym

Aby mieć duchową wiarę, powinniśmy mieć sprawiedliwe serca. Musimy pragnąć, aby królestwo Boże powiększało się, kościół wzrastał i ożywiał się, firma, w której pracujemy dobrze prosperowała, a nasza rodzina była szczęśliwa. Jeżeli nie szukamy szczęścia tylko dla siebie, ale pragniemy szczęścia innych, posiedliśmy sprawiedliwe serce.

Aby być wiernym i posiadać sprawiedliwe serce, powinniśmy być gotowi do poświęceń. Jeżeli myślisz: „Najważniejszą rzeczą w moim życiu jest bogactwo, a nie wzrost kościoła", nie zdecydujesz się na żadne poświęcenia w stosunku do kościoła. Taka osoba nie ma wiary. Ponadto, Bóg nie może powiedzieć, że serce takiej osoby jest sprawiedliwe.

Jeżeli jesteśmy gotowi do poświęceń, będziemy wiernie pracować dla zbawienia innych ludzi oraz dla kościoła. Nawet jeżeli nie mamy żadnych szczególnych obowiązków, będziemy wiernie głosić ewangelię. Nawet jeżeli nikt nas o to nie prosi, będziemy troszczyć się o innych. Poświęcimy swój wolny czas, aby zająć się ludźmi. Wydamy nasze pieniądze na korzyść innych i ofiarujemy im swoją miłość.

Aby wierność była prawdziwą wiernością domowi Bożemu, musimy mieć dobroć w sercu. Ci, którzy mają dobre serce nie będą chwiać się na wszystkie strony. Jeżeli dopuścimy do zaniedbania pod jakimś względem, nie będziemy się z tym dobrze czuli, jeżeli nasze serce jest pełne dobroci.

Jeżeli masz dobroć w sercu, będziesz wierny wykonując swoje obowiązki. Nikogo nie będziesz zaniedbywał, myśląc: „Skoro jestem liderem tej grupy, członkowie innej grupy zrozumieją, dlaczego nie mogę wziąć udziału w spotkaniu." Dzięki dobroci, będziesz wiedział, że nie powinieneś zaniedbywać innych ludzi. Więc, nawet jeżeli nie możesz wziąć udziału w spotkaniu, uczynisz coś, aby pokazać drugiej grupie, że ci zależy.

Znaczenie takie nastawienie różni się ze względu na to, ile masz dobroci w sercu. Jeżeli masz mało dobroci, nie będzie ci zależało na ludziach z drugiej grupy. Jednak, jeżeli masz dużo dobroci w sercu, nie zignorujesz ich, tylko dla tego, że będziesz narażony na jakieś niewygody. Wiesz, jakie uczynki są uczynkami dobroci, a jeżeli nie realizujesz swojej dobroci na co dzień, trudno będzie ci sobie z tym poradzić. Odczujesz pokój tylko wtedy, gdy okażesz dobroć poprzez uczynki dobroci.

Ludzie, którzy mają dobroć w sercu szybko odczują dyskomfort, jeżeli nie będą wykonywać tego, co powinni bez względu na okoliczności, czy to w pracy czy w domu. Nie będą nawet szukać wymówek, aby się usprawiedliwić.

Na przykład, przypuśćmy, że w kościele jest kobieta, która ma duży zakres obowiązków. Spędza dużo czasu w kościele. Generalnie mniej czasu spędza z mężem i dziećmi niż zanim zaangażowała się w kościele.

Jeżeli ma dobre serce i jest wierna Bogu, ponieważ spędza mniej czasu z dziećmi i mężem, będzie starała się lepiej okazać im miłość i bardziej się o nich troszczyć. Będzie starała się najlepiej jak to możliwe wykonywać wszystkie swoje obowiązki.

Ludzie wokół niej będą mogli odczuć prawdziwy aromat jej dobroci i wiary. Ponieważ będą odczuwać dobroć i prawdziwą miłość, będą wyrozumiali i spróbują pomóc. W rezultacie, kobieta będzie odczuwać pokój. Takie zachowanie oznacza wierność domowi Bożemu.

Tak, jak Mojżesz, który był wierny domowi Bożemu

Mojżesz był prorokiem uznanym przez Boga tak, że Bóg rozmawiał z nim twarzą w twarz. Mojżesz wypełniał swoje obowiązki całkowicie, aby dokonać rzeczy, o które prosił Bóg bez względu na trudności, których doświadczał. Naród izraelski narzekał i był nieposłuszny, kiedy stawiał czoła trudnościom, nawet pomimo tego, że doświadczyli i na własne oczy ujrzeli cuda i znaki Boże. Jednak Mojżesz ciągle prowadził ich w wierze i w miłości. Nawet kiedy Bóg rozzłościł się na naród izraelski w powodu ich grzechów, Mojżesz nie odwrócił się od nich. Zwrócił się do Boga tymi słowy:

„I poszedł Mojżesz do Pana, i powiedział: Oto niestety lud ten dopuścił się wielkiego grzechu, gdyż uczynił sobie boga ze złota. Przebacz jednak im ten grzech! A jeśli nie, to wymaż mię natychmiast z Twej księgi, którą napisałeś" (2 Moj. 32,31-32).

Pościł w imieniu narodu, ryzykował własne życie i był bardziej wierny niż oczekiwał tego Bóg. Dlatego Bóg przyjął Mojżesza i zapewnił go: *„Uznany jest za wiernego w całym moim domu"* (Ks. Liczb 12,7).

Co więcej, wierność symbolizowana przez sardonyks pozostaje prawdziwa aż do śmierci, jak opisano w Ks. Apokalipsy 2,10. Jest to możliwe, jeżeli kochamy Boga ponad wszystko. Taka miłość polega na poświęcaniu czasu i pieniędzy, a nawet życia oraz robienie więcej niż nam polecono zrobić z całego serca i umysłu.

W dawnych czasach wierni służący towarzyszyli królowi i byli wierni narodowi, nawet jeżeli mieli poświęcić swoje własne życie. Jeżeli król był tyranem, prawdziwi służący radzili mu, aby podążał dobrą ścieżką, nawet jeżeli groziło im to utratą życia. Mogli zostać wygnani lub uśmierceni, jednak byli lojalni, ponieważ kochali swojego króla i naród, nawet kiedy ta miłość miała doprowadzić do utraty życia.

Musimy kochać Boga ponad wszystko, aby uczynić więcej niż nam powierzono tak, jak wierni słudzy poświęcali życie dla narodu; tak, jak Mojżesz był wierny domowi Bożemu, aby posiąść Boże królestwo i sprawiedliwość. Musimy uświęcić swoje serce i być wiernymi we wszelkich aspektach życia, abyśmy mogli wejść do Nowego Jeruzalem.

6. Rubin: Miłość

Rubin jest przeźroczysty, ma ciemnoczerwony kolor i symbolizuje rażące słońce. Jest szóstym fundamentem murów Nowego Jeruzalem i w sensie duchowym symbolizuje pasję, entuzjazm oraz namiętną miłość człowieka, który pragnie osiągnąć Boże królestwo i sprawiedliwość oraz wiernie wypełnia swoje obowiązki i zadania.

Różne poziomy miłości

Istnieje wiele poziomów miłości. Ogólnie można ją podzielić na miłość duchową i miłość cielesną. Miłość duchowa nigdy się nie zmienia, ponieważ pochodzi od Boga, ale miłość cielesna łatwo ulega zmianom, ponieważ jest egoistyczna.

Bez względu na to, jak prawdziwa może być ludzka miłość, nigdy nie będzie taka, jak miłość duchowa, która jest miłością Pana Jezusa i można ją otrzymać dzięki prawdzie. Nie możemy jednak otrzymać duchowej miłości zaraz po przyjęciu przez nas prawdy. Otrzymamy ją tylko wtedy, kiedy nasz charakter będzie podobny do charakteru Jezusa.

Czy posiadasz miłość duchową? Możesz sprawdzić samego siebie dzięki definicji duchowej miłości, którą znajdziesz w 1 Koryntian 13,4-7.

„Miłość cierpliwa jest, łaskawa jest. Miłość nie zazdrości, nie szuka poklasku, nie unosi się pychą; nie dopuszcza się bezwstydu, nie szuka swego, nie unosi się gniewem, nie pamięta złego; nie cieszy się

z niesprawiedliwości, lecz współweseli się z prawdą. Wszystko znosi, wszystkiemu wierzy, we wszystkim pokłada nadzieję, wszystko przetrzyma."

Na przykład, jeżeli jesteśmy cierpliwi, ale i egoistyczni; albo nie denerwujemy się szybko, ale bywamy niegrzeczni, nie posiadamy jeszcze duchowej miłości, o której pisał Paweł. Nie może brakować żadnego elementu, abyśmy mieli prawdziwą duchową miłość.

Z jednej strony, jeżeli nadal odczuwasz samotność lub pustkę pomimo iż myślisz, że masz duchową miłość, jest to spowodowane faktem, że chciałeś otrzymać coś w zamian, nie będąc nawet tego świadomym. Twoje serce nie zostało całkowicie wypełnione prawdziwą duchową miłością.

Z drugiej strony, jeżeli jesteś wypełniony duchową miłością, nie będziesz odczuwał samotności lub pustki, lecz szczęście, zadowolenie i wdzięczność. Duchowa miłość odnajduje radość w dawaniu: im więcej dajesz, tym szczęśliwszy i radośniejszy jesteś.

Duchowa miłość odnajduje radość w dawaniu

W Liście do Rzymian 5,8 czytamy: *"Bóg zaś okazuje nam swoją miłość [właśnie] przez to, że Chrystus umarł za nas, gdyśmy byli jeszcze grzesznikami."*

Bóg kocha Jezusa, swojego jedynego syna, ponieważ Jezus jest prawdą samą w sobie i w pełni odzwierciedla charakter Boga. Mimo to zdecydował się posłać Jezusa na ziemię, aby oddał swoje życie w ofierze. Jakże wielka i cenna jest Boża miłość!

Bóg okazał swoją miłość do nas, poświęcając swojego

jedynego syna. Dlatego w 1 Liście Jana 4,16 czytamy: *„Myśmy poznali i uwierzyli miłości, jaką Bóg ma ku nam. Bóg jest miłością: kto trwa w miłości, trwa w Bogu, a Bóg trwa w nim."*

Aby wejść do Nowego Jeruzalem, musimy posiąść Bożą miłość i poświęcić samych siebie, oraz mieć radość z dawania tak, abyśmy wydawali owoce i składali świadectwo o Bogu naszym życiem.

Miłość apostoła Pawła do ludzi

Postać biblijna, która okazywała ogrom miłości do innych ludzi i poświęcała się dla królestwa Bożego to apostoł Paweł. Od momentu kiedy spotkał Jezusa aż do śmierci, stale wykonywał uczynki miłości. Jako apostoł pogan, ocalił wiele dusz i założył wiele kościołów podczas swoich trzech podróży misyjnych. Całe swoje życie aż do momentu męczeńskiej śmierci składał świadectwo o Jezusie.

Jako apostoł pogan, Paweł przechodził przez wiele trudności. Przeżył wiele ryzykownych sytuacji i doświadczał prześladowań ze strony Żydów. Został pobity i wtrącony do więzienia oraz uczestniczył w tonięciu statku. Mało sypiał, często bywał głodny i spragniony oraz musiał przetrwać upały i zimno. Podczas swoich podróży misyjnych miało miejsce wiele sytuacji, które były trudne do przetrzymania dla człowieka.

Mimo to, Paweł nigdy nie żałował swojej decyzji. Nigdy nie myślał, że jego życie jest zbyt trudne i potrzebuje odpoczynku na jakiś czas. Jego serce było stałe i nigdy niczego się nie obawiał. Mimo, że musiał przechodzić przez wiele trudności, jego największym zmartwieniem był kościół oraz współwierzący.

W 2 Liście do Koryntian 11,29-30 wyznał: *„Któż odczuwa słabość, bym i ja nie czuł się słabym? Któż doznaje zgorszenia, żebym i ja nie płonął? Jeżeli już trzeba się chlubić, będę się chlubił z moich słabości."*

Aż do śmierci, Paweł okazywał pasję i energię, walcząc o zbawienie innych. W Liście do Rzymian 9,3 widzimy, jak bardzo zależało mu na zbawieniu innych: *„Wolałbym bowiem sam być pod klątwą [odłączony] od Chrystusa dla [zbawienia] braci moich, którzy według ciała są moimi rodakami."*

Tutaj „moi bracia" nie odnoszą się tylko do krewnych. Odnoszą się do wszystkich Izraelitów, nawet Żydów, którzy go prześladowali. Paweł powiedział, że mógłby pójść do piekła, gdyby tylko mogli otrzymać zbawienie. Widzimy, jakże niezwykła była jego miłość do ludzi i jak wielka gorliwość w głoszeniu zbawienia.

Taka miłość do Jezusa, gorliwość i oddanie w głoszeniu poselstwa o zbawieniu jest symbolizowana przez rubin.

7. Chryzolit: Łaska

Chryzolit, siódmy fundament murów Nowego Jeruzalem jest przeźroczystym lub półprzeźroczystym kamieniem, który lśni żółtym, zielonym, niebieskim I różowym światłem, a czasami wydaje się zupełnie przeźroczysty.

Co oznacza chryzolit w sensie duchowym? Duchowe znaczenie łaski oznacza zrozumienie drugiej osoby, której nikt nie rozumie i przebaczenie człowiekowi, któremu nikt nie

przebacza. Aby prawdziwie zrozumieć oraz przebaczyć należy zrozumieć i przebaczyć z miłością i dobrocią. Łaska, dzięki której możemy zwrócić się do ludzi z miłością jest łaską, którą symbolizuje chryzolit.
Ludzie, którzy są miłosierni nie mają żadnych uprzedzeń. Nie pojawia się w ich głowie myśl: „Nie lubię go z tego powodu. Nie lubię jej z innego powodu." Nie odczuwają nienawiści w stosunku do nikogo. Nie ma w nich żadnej wrogości.
Próbują patrzeć i postrzegać wszystko w piękny sposób. Przyjmują każdego. Nawet spotykając osobę, która popełniła śmiertelny grzech, okazują współczucie. Nienawidzą grzechu, ale nie grzesznika, a raczej rozumieją go i przyjmują. To właśnie jest łaska.

Serce pełne łaski, jakie okazali Jezus i Szczepan

Jezus okazał łaskę Judaszowi, który go sprzedał. Jezus wiedział od samego początku, że Judasz zdradzi Go. Mimo to, Jezus nie wyłączył go ani nie odsunął od siebie. Nie odczuwał nienawiści w swoim serce. Jezus kochał go aż do końca i dał mu szansę nawrócenia. To jest serce pełne łaski.

Nawet kiedy Jezus został przybity do krzyża, nie narzekał ani nie przeklinał nikogo. Raczej modlił się za tymi, którzy powodowali Jego ból, jak napisano w Ewangelii Łukasza 23,34: *„Lecz Jezus mówił: Ojcze, przebacz im, bo nie wiedzą, co czynią."*

Szczepan również był bardzo miłosierny. Pomimo, że nie był apostołem, był pełen łaski i mocy. Źli ludzie ukamienowali go

na śmierć. Jednak nawet kiedy był kamienowany, modlił się za tych, którzy robili mu krzywdę. W Dziejach Apostolskich 7,60 napisano: „*A gdy osunął się na kolana, zawołał głośno: Panie, nie poczytaj im tego grzechu.*"
Fakt, iż Szczepan modlił się za tymi, którzy go zabijali udowadnia, że już im przebaczył. Nie odczuwał nienawiści. To pokazuje nam, że wydał doskonały owoc łaski i odczuwał współczucie w stosunku do tych ludzi.

Jeżeli jest ktoś, kogo nienawidzisz lub nie lubisz wśród twojej rodziny, braci w wierze, kolegów w pracy, lub jeżeli jest ktoś o kim myślisz: „Nie podoba mi się takie nastawienie. Zawsze mi się sprzeciwia. Nie lubię go/jej", lub jeżeli po prostu nie lubisz lub izolujesz się od człowieka z różnych powodów, jakże dalekie jest takie nastawienie od łaski?

Nie powinniśmy odczuwać nienawiści do nikogo. Powinniśmy rozumieć, akceptować i okazywać dobroć każdemu. Bóg Ojciec pokazał nam piękno łaski za pomocą chryzolitu.

Serce pełne łaski, które wszystko znosi

Jaka jest różnica między łaską a miłością?
Duchowa miłość to poświęcenie siebie i nie poszukiwanie korzyści, ani nie oczekiwanie niczego w zamian, podczas gdy łaska kładzie większy nacisk na przebaczenie i tolerancję. Innymi słowy, dzięki łasce człowiek rozumie i nie odczuwa nienawiści nawet w stosunku do tych, których nikt nie rozumie ani nie kocha. Człowiek łaskawy nie odczuwa nienawiści ani nie gardzi nikim, ale umacnia i pociesza innych. Jeżeli masz ciepłe serce,

nie będziesz wypominać innym błędów ani wad, a zamiast tego przyjmiesz ich, aby mieć z nimi dobrą relację.

W jaki sposób powinniśmy zachowywać się w stosunku do ludzi? Musimy pamiętać, że wszyscy byliśmy źli, lecz przyszliśmy do Boga, ponieważ ktoś inny nas przyprowadził do prawdziwej miłości i przebaczenia.

Ponadto, kiedy spotykamy się z kłamcami, często zapominamy, że kiedyś również kłamaliśmy dla własnych korzyści – zanim uwierzyliśmy w Boga. Zamiast unikać takich ludzi, powinniśmy okazać łaskę tak, aby również mogli się nawrócić ze złej drogi. Tylko jeśli rozumiemy i prowadzimy innych z tolerancją i miłością, ludzi mogą się zmienić i przyjść do poznania prawdy. Łaska oznacza traktowanie innych bez uprzedzeń, nie obrażanie ich i próba zrozumienia wszystkiego w odpowiedni sposób, czy tego chcemy czy nie.

8. Beryl: Cierpliwość

Beryl, ósmy fundament murów Nowego Jeruzalem ma błękitny lub ciemnozielony kolor i przypomina niebieskie morze. Jakie jest duchowe znaczenie berylu? Beryl oznacza cierpliwość w każdym względzie, kiedy pragniemy osiągnąć Boże królestwo oraz Jego sprawiedliwość. Beryl oznacza trwanie w miłości, nawet w stosunku do tych, którzy cię prześladują, przeklinają lub nienawidzą. Oznacza nie odczuwanie nienawiści, nie kłócenie się z innymi oraz walczenie z nimi.

W Jakubie 5,10 czytamy: *„Za przykład wytrwałości i cierpliwości weźcie, bracia, proroków, którzy przemawiali* *w imię Pańskie."* Możemy pomóc innym się zmienić, jeżeli jesteśmy cierpliwi.

Cierpliwość jako owoc Ducha Świętego oraz duchowej miłości

Możemy czytać o cierpliwości jako jednym z dziewięciu owoców Ducha Świętego w Liście do Galacjan 5, oraz jako owocu miłości w 1 Liście do Koryntian 13. Czy jest różnica między owocem Ducha Świętego i owocem miłości?

Z jednej strony, cierpliwość w miłości odnosi się do cierpliwości wymaganej w zwalczeniu osobistych konfliktów, jak na przykład cierpliwość w stosunku do ludzi, którzy obrażają cię lub powodują trudności w twoim życiu. Z drugiej strony, cierpliwość jako owoc Ducha Świętego odnosi się do cierpliwości w prawdzie i cierpliwości przed Bogiem w każdym aspekcie.

Dlatego, cierpliwość jako owoc Ducha Świętego ma szersze znaczenie, włączając cierpliwość w kwestiach osobistych oraz związanych z królestwem Bożym i Jego sprawiedliwością.

Różne rodzaje cierpliwości

Cierpliwość w osiągnięciu królestwa oraz sprawiedliwości Bożej można podzielić na trzy kategorie.

Po pierwsze, jest cierpliwość między Bogiem a nami. Musimy być cierpliwi aż obietnice Boże wypełnią się. Bóg Ojciec jest wierny. Kiedy powiedział coś, z pewnością spełni to, co powiedział. Jeżeli otrzymujemy obietnicę od Boga, musimy być cierpliwi aż się wypełni.

Ponadto, jeżeli prosimy Boga o coś, musimy być cierpliwi aż otrzymamy odpowiedź. Niektórzy wierzący mówią w następujący sposób: „Modlę się cała noc i poszczę, a nadal nie otrzymałem odpowiedzi." Zachowują się jak farmer, który sieje ziarno, a zaraz potem przekopuje ziemię, ponieważ owoce nie wyrosły natychmiast. Jeżeli zasialiśmy ziarno, musimy być cierpliwi, aby wypuściło, wyrosło, zakwitło i wydało owoc.

Farmer usuwa chwasty i chroni zbiory przed insektami. Wykonuje dużo pracy, aby uzyskać owoce. Tak samo, aby otrzymać odpowiedź od Boga w sprawie naszej modlitwy, musimy zrobić pewne rzeczy. Sami musimy wydać owoce, zgodnie z miarą siedmiu duchów – wiara, radość, modlitwa, dziękczynienie, ciężka praca, zachowywanie przykazań i miłość.

Bóg odpowiada natychmiast tylko jeśli spełniamy nasze zadania zgodnie z miarą naszej wiary. Musimy zrozumieć, że czas cierpliwości z Bogiem jest czasem, w którym otrzymamy doskonałą odpowiedź i daje nam możliwość radować się i dziękować.

Po drugie, istnieje cierpliwość pomiędzy ludźmi. Cierpliwość w miłości duchowej to właśnie taka cierpliwość. Aby kochać człowieka w jakimkolwiek związku, potrzebujemy cierpliwości.

Potrzebujemy cierpliwości, aby uwierzyć w drugiego człowieka, wytrzymać z nim i mieć nadzieję, że będzie bogaty. Nawet jeżeli dana osoba zrobi coś zupełnie przeciwnego do tego, co oczekujemy, musimy być cierpliwi. Musimy zrozumieć, akceptować, przebaczać i być cierpliwymi.

Ludzie, którzy próbują ewangelizować wiele osób mają

pewnie doświadczenie, kiedy byli prześladowani lub wyklęci. Jednak jeżeli mają cierpliwość w sercu, ponownie odwiedzają te same osoby i uśmiechają się. Z miłością i chęcią dzielenia się zbawieniem z innymi osobami, radują się i są wdzięczni. Nigdy się nie poddają. Kiedy człowiek okazuje taką cierpliwość z dobrocią i miłością w stosunku do osoby, której głosi ewangelię, ciemność odchodzi, ponieważ światło otacza tę osobę, która może otworzyć swoje serce, zaakceptować Jezusa i przyjąć zbawienie.

Po trzecie, jest też cierpliwość, która zmienia serce.

Zmiana serca oznacza wyrzucenie fałszu i zła z serca oraz ugruntowanie prawdy i dobroci. Zmiana serca jest podobna do oczyszczenia pola. Musimy usunąć kamienie i chwasty. Czasami, musimy orać ziemię. Dopiero wtedy gleba jest dobra tak, że kiedy siejemy, ziarno wyrośnie i wyda owoc.

Tak samo jest z ludzkim sercem. Jeżeli wyrzucimy zło ze swojego serca, nasze serca staje się dobrą glebą. Wtedy, jeżeli słowo Boże zostaje zasiane, może wypuścić, urosnąć i wydać owoc. I tak, jak musimy pocić się i ciężko pracować, aby oczyścić ziemię, tak samo musimy postępować, aby oczyścić nasze serca. Musimy szczerze wołać w modlitwie z całej siły i z całego serca. Wtedy otrzymamy moc Ducha Świętego, który zora serce, aby nie było już bezpłodną ziemią.

Ten proces nie jest tak prosty jak się wydaje. Dlatego niektórzy ludzie mogą czuć się znudzeni, zniechęceni i zrozpaczeni. Dlatego, potrzebujemy cierpliwości. Pomimo że wydaje się, że zmiany następują bardzo powoli, nigdy nie powinniśmy się zniechęcać ani poddawać.

Powinniśmy pamiętać o miłości Jezusa, który umarł za nam na krzyżu, otrzymał nową siłę i nadał uprawiał glebę swojego serca. Ponadto, powinniśmy podziwiać miłości i błogosławieństwa, które daje nam Bóg. Powinniśmy również pamiętać o wdzięczności.

Jeżeli nie ma w nas zła, słowo „cierpliwość" nie będzie potrzebne. Tym samy, jeżeli mamy miłość, przebaczenie i zrozumienie, nie potrzebna będzie nam cierpliwość. Bóg pragnie, abyśmy mieli cierpliwość tak, aby samo słowo nie było nam potrzebne. W zasadzie, Bóg, który sam w sobie jest dobrocią i miłością, nie potrzebuje cierpliwości. Mówi nam, że jest cierpliwy, abyśmy zrozumieli pojęcie cierpliwości. Musimy uświadomić sobie, że im więcej atrybutów posiadamy, aby być cierpliwymi w pewnych warunkach, tym więcej zła mamy w swoim sercu w oczach Boga.

Jeżeli nie musisz już okazywać cierpliwości w stosunku do nikogo ani do niczego, ponieważ osiągnąłeś doskonały owoc cierpliwości, zawsze będziesz szczęśliwy, będziesz słyszał jedynie dobre wieści stąd i z owąd, oraz odczuwał lekkość w sercu tak, jakbyś chodził po chmurach.

9. Topaz: Duchowa dobroć

Topaz, dziewiąty fundament murów Nowego Jeruzalem, jest przeźroczystym kamieniem, mieszkanką czerwieni i pomarańczu. Cecha charakteru duchowego symbolizowany przez topaz to duchowa dobroć. Dobroć oznacza bycie miłym, pomocnym i uczciwym. Jednak duchowe znaczenie dobroci jest głębsze.

Wśród owoców Ducha Świętego jest dobroć. Ma ona takie samo znaczenie jak dobroć symbolizowana przez topaz. Duchowe znaczenie dobroci to poszukiwanie dobroci dzięki Duchowi Świętemu.

Każdy człowiek potrafi rozróżniać między dobrem i złem. To „sumienie." Pojęcie sumienia różniło się w zależności od czasów, krajów oraz ludzi.

Standard pomiaru wielkości duchowej dobroci jest jeden: Słowo Boże, Prawda. Dlatego, dobroć z naszej perspektywy to wcale nie dobroć duchowa. Dobroć w oczach Bożych to dobroć duchowa.

W Ewangelii Mateusza 12,35 czytamy: *„Dobry człowiek z dobrego skarbca wydobywa dobre rzeczy, zły człowiek ze złego skarbca wydobywa złe rzeczy."* Tak samo ci, którzy posiadają dobroć duchową w sobie będą wydawać dobre owoce. Gdziekolwiek pójdą i kogokolwiek spotkają, dobre słowa i dobre uczynki będą im towarzyszyć.

Tak, jak ludzie, którzy używają perfum mają przyjemny zapach, aromat dobroci będzie roznosił się wokół dobrych ludzi. Będą otoczeni aromatem dobroci Jezusa. Dlatego, poszukiwanie dobroci nie może zostać nazwane dobrocią. Jeżeli nasze serce poszukuje dobroci, naturalnie będziemy otoczeni aromatem Chrystusa, dobrymi słowami i uczynkami. W taki sposób, powinniśmy pokazać moralność i miłość ludziom wokół. To jest dobroć w duchowym znaczeniu.

Standard pomiaru duchowej dobroci

Bóg jest dobry i Jego dobroć jest ukazana w Biblii, Słowie Boga. W Biblii są wersety, które opisują więcej na temat kolorów topazu – duchowej dobroci.

Po pierwsze, w Liście do Filipian 2,1-4 czytamy: *„Jeśli więc jest jakieś napomnienie w Chrystusie, jeśli – jakaś moc przekonująca Miłości, jeśli jakiś udział w Duchu, jeśli jakieś serdeczne współczucie – dopełnijcie mojej radości przez to, że będziecie mieli te same dążenia: tę samą miłość i wspólnego ducha, pragnąc tylko jednego, a niczego nie pragnąc dla niewłaściwego współzawodnictwa ani dla próżnej chwały, lecz w pokorze oceniając jedni drugich za wyżej stojących od siebie. Niech każdy ma na oku nie tylko swoje własne sprawy, ale też i drugich!"*

Pomimo że coś wydaje się nie w porządku z perspektywy naszych myśli lub charakteru, jeśli szukamy dobroci w Bogu, złączymy się z innymi i będziemy zgadzać się z ich opiniami. Nie będziemy się kłócić. Nie będziemy odczuwać pragnienia, aby obnosić się przed innymi lub być przez nich podziwianymi. Jedynie ze skromnym sercem, będziemy uważać innych za lepszych od siebie. Będziemy wiernie i odpowiedzialnie wykonywać swoją pracę. Będziemy w stanie nawet innym pomóc w wykonywaniu ich obowiązków.

Łatwo dostrzec, jaki człowiek posiada dobroć w swoim sercu, dzięki przypowieści o dobrym Samarytaninie, którą możemy przeczytać w Ewangelii Łukasza 10,25-37:

A oto powstał jakiś uczony w Prawie i wystawiając Go na próbę, zapytał: Nauczycielu, co mam czynić, aby osiągnąć życie wieczne? Jezus mu odpowiedział: Co jest napisane w Prawie? Jak czytasz? On rzekł: Będziesz miłował Pana, Boga swego, całym swoim sercem, całą swoją duszą, całą swoją mocą i całym swoim umysłem; a swego bliźniego jak siebie samego. Jezus rzekł do niego: Dobrześ odpowiedział. To czyń, a będziesz żył. Lecz on, chcąc się usprawiedliwić, zapytał Jezusa: A kto jest moim bliźnim? Jezus nawiązując do tego, rzekł: Pewien człowiek schodził z Jerozolimy do Jerycha i wpadł w ręce zbójców. Ci nie tylko że go obdarli, lecz jeszcze rany mu zadali i zostawiwszy na pół umarłego, odeszli. Przypadkiem przechodził tą drogą pewien kapłan; zobaczył go i minął. Tak samo lewita, gdy przyszedł na to miejsce i zobaczył go, minął. Pewien zaś Samarytanin, będąc w podróży, przechodził również obok niego. Gdy go zobaczył, wzruszył się głęboko: podszedł do niego i opatrzył mu rany, zalewając je oliwą i winem; potem wsadził go na swoje bydlę, zawiózł do gospody i pielęgnował go. Następnego zaś dnia wyjął dwa denary, dał gospodarzowi i rzekł: Miej o nim staranie, a jeśli co więcej wydasz, ja oddam tobie, gdy będę wracał. Któryż z tych trzech okazał się, według twego zdania, bliźnim tego, który wpadł w ręce zbójców? On odpowiedział: Ten, który mu okazał miłosierdzie. Jezus mu rzekł: Idź, i ty czyń podobnie!

Z kapłana, lewity i Samarytanina, który jest prawdziwym bliźnim i człowiekiem pełnym miłości? Samarytanin był prawdziwym bliźnim człowieka, który został obrabowany, ponieważ miał dobroć w swoim sercu, aby postąpić w odpowiedni sposób, mimo że był uważany za poganina.

Samarytanin być może nie znał Słowa Bożego zbyt dobrze. Jednak widzimy, że miał serce wypełnione dobrocią. Oznacza to, że miał duchową dobroć, którą Bóg w swoich oczach uzna za dobroć. Pomimo że musimy czasami spędzić czas oraz wydać pieniądze, powinniśmy wybrać dobroć w oczach Bożych, ponieważ to właśnie jest duchowa dobroć.

Dobroć Jezusa

Inny tekst biblijny daje nam wgląd w to, czym jest prawdziwa dobroć – Mat. 12,19-20, który dotyczy dobroci Jezusa.

> *„Nie będzie się spierał ani krzyczał, i nikt nie usłyszy na ulicach Jego głosu. Trzciny zgniecionej nie złamie ani knota tlejącego nie dogasi, aż zwycięsko sąd przeprowadzi."*

Wyrażenie „aż zwycięsko sąd przeprowadzi" podkreśla, że Jezus postępował zgodnie ze swoim pełnym miłości sercem podczas całego procesu, ukrzyżowania i zmartwychwzbudzenia, dając nam zwycięstwo dzięki łasce zbawienia.

Ponieważ Jezus miał duchową dobroć, nigdy nikogo nie obraził ani z nikim się nie kłócił. Przyjmował wszystko z mądrością duchowej dobroci oraz słów prawdy nawet w trudnych sytuacjach, które wydawały się nie do przyjęcia. Co więcej, Jezus nigdy nie konfrontował się z ludźmi, którzy próbowali Go zabić, ani nie próbował wyjaśniać czy udowadniać swojej niewinności. Wszystko pozostawił w rękach Boga i dzięki swojej mądrości, duchowej dobroci oraz prawdzie osiągnął wszystko zgodnie z Bożym planem.

Duchowa dobroć „trzciny zgniecionej nie złamie ani knota tlejącego nie dogasi." Taka definicja posiada punkty odniesienia do dobroci.

Ci, którzy posiadają dobroć nie krzyczą ani nie kłócą się z nikim. Ponadto, będą okazywać swoją dobroć poprzez swój wygląd. Jak napisano, „nie będzie się spierał ani krzyczał, i nikt nie usłyszy na ulicach Jego głosu", ci, którzy mają dobroć będą wydawać owoce dobroci i pokory. Jakże nieskazitelne i doskonałe musiało być postępowanie Jezusa, Jego sposób chodzenia, gesty i język. Księga Przysłów 22,11 mówi: *„Kto kocha czystych sercem, kto ma wdzięk na wargach – przyjacielem króla."*

Po pierwsze, „zgnieciona trzcina" reprezentuje tych, którzy wycierpieli wiele na tym świecie i mają zranione serce. Nawet kiedy szukają Boga w słabości serca, Bóg nie porzuci ich, ale przyjmie ich do siebie. Takie jest serce Boga i Jezusa – serce pełne dobroci.

Po drugie, tak samo jest z sercem, które nie zgasi tlącego się knota. Jeżeli knot się tli, oznacza to, że ogień dogasa, jednak pozostaje jeszcze drewno na rozpałkę. W tym znaczeniu „tlący się knot" to osoba, która jest zaplamiona złem, a światło jej duszy się tli. Nawet taka osoba ma możliwość otrzymać zbawienie, więc nie możemy porzucić jej. To jest właśnie dobroć.

Nasz Pan nie porzuca nikogo, nawet ludzi, którzy żyją w grzechu i sprzeciwiają się Bogu. Ciągle puka do drzwi ich serc, aby mogli otrzymać zbawienie. To jest serce Jezusa pełne dobroci.

Są ludzie, którzy są jak zgnieciona trzcina, a ich wiara jedynie się tli. Kiedy ulegają pokusom z powodu słabej wiary, niektórzy z nich nie mają siły, aby wrócić do kościoła. Być może są jakieś cielesne kwestie, których nie odrzucili, spowodowały szkody w stosunku do innych członków kościoła. Ponieważ jest im przykro i wstyd z tego powodu, czują, że nie mogą wrócić do kościoła.

Tak więc my jako pierwsi musimy wyciągnąć do nich rękę i uchwycić ich. To właśnie jest dobroć. Ponadto, są ludzie, którzy byli bardzo gorliwi, jednak utracili swoją gorliwość z jakiegoś powodu. Niektórzy z nich również są jak tlący się knot.

Niektórzy z nich pragną być kochani i uznani przez innych, jednak tak się nie dzieje. Są załamani i ulegają złu. Mogą zazdrościć innym, których wiara jest silna i mogą ich nawet obmawiać. Są jak tlący się knot, który dymi.

Jeżeli posiadamy prawdziwą dobroć, będziemy w stanie zrozumieć innych ludzi i przyjąć ich. Jeżeli próbujemy dyskutować na temat tego, co jest dobre złe oraz doprowadzić innych do tego, aby ulegli – to nie jest dobroć. Musimy traktować ich dobrze z wiarą i miłością, nawet jeżeli nie postępują dobrze. Musimy stopić i poruszyć ich serce. Kiedy tak uczynimy, będzie to wyrazem prawdziwej dobroci.

10. Chryzopaz: Samokontrola

Chryzopas, dziesiąty fundament murów Nowego Jeruzalem, jest najdroższym z chalcedonów. Jest półprzeźroczysty i ma ciemnozielony kolor. Jest jednym z najcenniejszych kamieni, który koreańskie kobiety w dawnych czasach uważały za niezwykle cenny. Dla nich symbolizował on niewinność i czystość kobiety.

Jakie duchowe znaczenie ma chryzopraz? Chryzopaz symbolizuje samokontrolę. Dobrze jest mieć we wszystkim obfitość dzięki Bogu, jednak każdy powinien mieć samokontrolę, aby zauważać piękno. Samokontrola jest również jednym z dziewięciu owoców Ducha Świętego.

Samokontrola, aby osiągnąć doskonałość

W Liście do Tytusa 1,7-9 czytamy o cechach opiekuna kościoła i jedną z nich jest właśnie samokontrola. Jeżeli człowiek, któremu brakuje samokontroli zostaje opiekunem kościoła, co będzie w stanie osiągnąć, jeżeli nie potrafi kontrolować swojego życia?

Cokolwiek robimy dla Pana, powinniśmy oddzielać prawdę od fałszu, postępować zgodnie z wolą Ducha Świętego w pełnej samokontroli. Jeżeli jesteśmy w stanie usłyszeć głos Ducha Świętego, niczego nie będzie nam brakować, ponieważ będziemy w stanie samych siebie kontrolować. Jeżeli nie mamy samokontroli, coś może się nie udać i możemy doświadczyć wypadku związanego z czynnikami ludzkimi lub naturalnymi, choroby, itp.

Owoc samokontroli jest istotny i konieczny w osiągnięciu doskonałości. Jeżeli wydajemy owoc miłości, będziemy również wydawać owoc radości, pokoju, cierpliwości, dobroci, wierności i delikatności – wraz z samokontrolą będzie to pełna lista owoców.

Samokontrola porównywana jest do odbytu w naszym organizmie. Jest mały, ale odgrywa bardzo ważną rolę. Co jeżeli straciłby siłę do zaciskania? Nie bylibyśmy w stanie kontrolować wydalania i bylibyśmy brudni i nieprzyzwoici.

Tak samo, jeżeli utracimy samokontrolę, w każdej strefie życia może pojawić się nieporządek. Ludzie żyją w fałszu, ponieważ nie potrafią kontrolować samych siebie duchowo. Z tego powodu, stawiają czoła próbom, jednak Bóg ich nie kocha. Jeżeli nie jesteśmy w stanie kontrolować swojego ciała, będziemy postępować bezprawnie i niesprawiedliwie, ponieważ będziemy pić i jeść bez umiaru, czyniąc w naszym życiu nieporządek.

Jan Chrzciciel

Dobrym przykładem samokontroli wśród postaci biblijnych był Jan Chrzciciel.

Jan Chrzciciel dobrze wiedział, dlaczego znalazł się na ziemi. Wiedział, że musi przygotować drogę dla Jezusa, który jest prawdziwym światłem. Dopóki nie wypełnił swojego powołania, żył odizolowany od reszty świata. Uzbroił się w modlitwę i Słowo Boże, kiedy żył na odludziu. Jadał jedynie szarańczę i dziki miód. Prowadził odizolowane życie i kontrolował to, co czyni. Dzięki takiemu życiu, był gotowy przygotować drogę dla Pana i wypełnić dokładnie swoje obowiązki.

W Ewangelii Marka 11,11 Jezus powiedział o nim:

„Zaprawdę, powiadam wam: Między narodzonymi z niewiast nie powstał większy od Jana Chrzciciela. Lecz najmniejszy w królestwie niebieskim większy jest niż on."

Jeżeli ktoś uważa, że może pójść w góry lub do odizolowanego miejsca i żyć życiem poddanym samokontroli, pokazuje, że nie posiada w swym życiu samokontroli i interpretuje słowa Boże na swój własny sposób.

Ważne jest, aby kontrolować swoje serce w Duchu Świętym. Jeżeli nie osiągnąłeś jeszcze poziomu ducha, musisz kontrolować pragnienia ciała i podążać za pragnieniami Ducha Świętego. Ponadto, nawet jeżeli osiągniesz poziom ducha, musisz kontrolować siłę swojego charakteru, aby osiągnąć pełną harmonię. Taka samokontrola jest symbolizowana przez światło chryzopazu.

11. Opal: Czystość i świętość

Opal, jedenasty fundament murów Nowego Jeruzalem, jest cennym przeźroczystym kamieniem o błękitnym zabarwieniu. W sensie duchowym symbolizuje czystość i świętość.

Czystość odnosi się do stanu bezgrzeszności i nieskazitelnej czystości. Kiedy ktoś bierze prysznic lub kąpiel kilka razy dziennie, czesze włosy i porządnie się ubiera, ludzie będą uważać go za czystego i porządnego. A czy Bóg również uzna go za czystego? Kogo Bóg uważa za człowieka o czystym sercu i jak możemy je zdobyć?

Czyste serce w oczach Bożych

Faryzeusze oraz uczeni w piśmie myli ręce przed jedzeniem zgodnie z tradycją starszych. Kiedy uczniowie Jezusa tego nie uczynili, faryzeusze zadali Jezusowi pytania i oskarżali Go. W Mat. 15,2 czytamy: *„Dlaczego Twoi uczniowie postępują wbrew tradycji starszych? Bo nie myją sobie rąk przed jedzeniem."*

Jezus nauczał ich, czym naprawdę jest czystość. W Mat. 15,19-20 powiedział: *„Z serca bowiem pochodzą złe myśli, zabójstwa, cudzołóstwa, czyny nierządne, kradzieże, fałszywe świadectwa, przekleństwa. To właśnie czyni człowieka nieczystym. To zaś, że się je nie umytymi rękami, nie czyni człowieka nieczystym."*

Czystość w oczach Bożych oznacza wyrzucenie grzechu z serca. Jesteśmy czyści, kiedy nasze serce jest bez skazy i bez nagany. Możemy umyć nasze ciało i ręce wodą, jednak jak możemy oczyścić nasze serca?

Również możemy oczyścić je wodą. Możemy oczyścić nasze serca duchową wodą, którą jest Słowo Boże. W Liście do Hebrajczyków 10,22 czytamy: *„Mając zaś kapłana wielkiego, który jest nad domem Bożym, przystąpmy z sercem prawym, z wiarą pełną, oczyszczeni na duszy od wszelkiego zła świadomego i obmyci na ciele wodą czystą."* Możemy mieć czyste serca pełne prawdy i zachowywać się zgodnie ze Słowem Bożym.

Kiedy przestrzegamy tego, co mówi Biblia, abyśmy odrzucili i nie czynili, fałsz i zło zostaną zmyte z naszych serc. Kiedy zachowujemy to, co Bóg poleca nam w Biblii, unikamy splamienia grzechem i złem tego świata dzięki temu, że stale otrzymujemy czystą wodę. W taki sposób możemy zachować nasze serca w czystości.

W Mat. 5,8 czytamy: *„Błogosławieni czystego serca, albowiem oni Boga oglądać będą."* Bóg powiedział nam o błogosławieństwie czystego serca, które otrzymamy. Błogosławieni ujrzą Boga. Ci, których serce jest czyste zobaczą Boga twarzą w twarz w królestwie niebieskim. Mogą wejść co najmniej do Trzeciego Królestwa niebie lub nawet do Nowego Jeruzalem.

Jednak prawdziwe znaczenie wyrażenia „zobaczyć Boga" nie oznacza jedynie ujrzenia Boga. Oznacza, że zawsze będziemy spotykać się z Bogiem i otrzymywać od Niego pomoc. Oznacza, że będziemy żyć, chodząc z Bogiem, nawet już tutaj na tej ziemi.

Enoch osiągnął czystość serca

Piąty rozdział księgi Rodzaju obrazuje Enocha, który miał czyste serce i chodził z Bogiem na ziemi. W Ks. Rodz. 5,21-24 czytamy o Enochu, który chodził z Bogiem przez 300 lat – od czasu kiedy zrodził syna Matuszelacha w wieku 65 lat. Jak napisano w wersecie 24: *„Żył więc Henoch w przyjaźni z Bogiem, a następnie znikł, bo zabrał go Bóg."* Enoch został żywo zabrany do nieba.

W Hebr. 11,5 czytamy o tym, dlaczego mógł zostać zabrany do nieba, mimo że nie zaznał śmierci: *„Przez wiarę Henoch został przeniesiony, aby nie oglądał śmierci. I nie znaleziono* *go, ponieważ Bóg go zabrał. Przed zabraniem bowiem otrzymał świadectwo, iż podobał się Bogu."*

Enoch był wierny Bogu i posiadał czyste i bezgrzeszne serce do tego stopnia, że nie musiał zaznać śmierci. Został żywo zabrany do nieba. Miał wtedy 365 lat, jednak w tamtych czasach ludzi zwykli żyć ponad 900 lat. W obecnym rozumieniu, Bóg zabrał do siebie Enocha, kiedy ten był w kwiecie wieku, ponieważ Enoch był tak wspaniałym człowiekiem w oczach Boga.

Raczej niż zatrzymać go na ziemi, Bóg pragnął mieć Enocha blisko siebie w królestwie niebieskim. Widzimy jasno, jak bardzo Bóg kocha i raduje się z ludzi, którzy mają czyste serca.

Jednak nawet Enoch nie stał się święty w ciągu jednej nocy. Również przeżył różne próby aż do momentu kiedy ukończył 65 lat. W Księdze Rodzaju 5,19 czytamy o Jaredzie, ojcu Enocha, który zradzał dzieci przez 800 lat po narodzeniu Enocha, więc wiadomo, że Enoch miał wiele braci i sióstr.

Bóg pokazał mi, że Enoch nie miał żadnych problemów ze swoimi braćmi i siostrami. Nie chciał mieć więcej od swoich braci. Był bardzo ugodowy w stosunku do nich. Nie chciał, aby ktokolwiek uważał go za osobę szczególną. Po prostu postępował najlepiej jak potrafił. Nawet kiedy widać było, że inni jego bracia są faworyzowani, nie było mu przykro, co znaczy, że nie było w nim zazdrości.

Ponadto, Enoch był zawsze posłuszny. Nie tylko słuchał Słowa Bożego, ale również swoich rodziców. Nie nalegał ani nie upierał się przy swoim zdaniu. Nie miał egoistycznych pragnień i niczego nie brał do siebie. Miał pokój ze wszystkimi.

Enoch posiadał czyste serce, dzięki któremu mógł zobaczyć Boga. Kiedy Enoch skończył 65 lat, osiągnął poziom, który radował Boga i mógł chodzić z Bogiem.

Jednak istnieje jeszcze ważniejszy powód, dla którego mógł chodzić z Bogiem – kochał Boga i lubił z Nim rozmawiać. Oczywiście, nie upierał się w dążeniu do rzeczy ziemskich i kochał Boga bardziej niż cokolwiek innego na świecie. Enoch kochał swoich rodziców i był im posłuszny, a między nim i jego rodzeństwem panował pokój. Jednak Enoch najbardziej kochał Boga. Lubił być sam i uwielbiać Boga bardziej niż inni członkowie jego rodziny. Tęsknił za Bogiem, kiedy patrzył na niebo i przyrodę oraz cieszył się społecznością z Bogiem.

Było tak nawet zanim zaczął chodzić z Bogiem. Od czasu do Bóg zaczynał chodzić z Enochem. Jak napisano w Księdze Przysłów 8,17: *„Tych kocham, którzy mnie kochają, znajdzie mnie ten, kto mnie szuka."* Enoch kochał Boga i tęsknił za Nim, że Bóg chodził z Enochem.

Im bardziej kochamy Boga, tym czystsze staje się nasze serce. Im czystsze mamy serce, tym bardziej kochamy Boga i szukamy Go. Przyjemnie jest rozmawiać z tymi, którzy mają czyste serca. Oni po prostu wszystko przyjmują i wierzą innym.

Któż czułby się źle, widząc promienny uśmiech dziecka? Większość z nas czułaby się dobrze i również uśmiechnęłoby się na widok dziecka. Ponieważ czystość dzieci jest przekazywana ludziom, otaczając ich serca powiewem odświeżenia.

Bóg Ojciec czuje tak samo, kiedy widzi człowieka o czystym

sercu. Pragnie widzieć takie osoby częściej i zamieszkać z nimi na zawsze.

12. Ametyst: Piękno i łagodność

Dwunasty i ostatni już fundament murów Nowego Jeruzalem to ametyst. Ametyst jest jasnofioletowy i przeźroczysty. Ma tak piękny i elegancki kolor, że w dawnych czasach uwielbiały go rodziny szlacheckie.

Bóg duchowe serce symbolizowane przez ametyst uważa za piękne. Ametyst symbolizuje łagodność. O łagodności możemy przeczytać w rozdziale o Błogosławieństwach, oraz wśród owoców Ducha Świętego. Jest to owoc, który wydaje osoba, która pielęgnuje swojego ducha dzięki Duchowi Świętemu i żyje zgodnie ze Słowem Boga.

Bóg uważa łagodne serce za piękne

Słownik definiuje łagodność jako charakter pełen serdeczności, delikatności i potulności, oraz zdolny do dzielenie się spokojem. Jednak łagodność, którą Bóg uważa za piękną to nie tylko takie cechy.

Ludzie, którzy mają łagodny charakter w sensie cielesny nie czują się dobrze w towarzystwie ludzi, którzy nie są łagodni. Kiedy widzą kogoś, kto jest bardzo otwarty i silny, stają się ostrożni, a nawet trudno im oddziaływać z taką osobą. Jednak ludzie, którzy są łagodni w sensie duchowym akceptują wszystkich bez względu na charakter. To jest jedna z różnic między łagodnością duchową i cielesną.

Czym jest duchowa łagodność i dlaczego Bóg uważa ją za piękną?

Duchowa łagodność oznacza posiadanie delikatnego i ciepłego charakteru oraz wielkiego serca, które akceptuje ludzi; serca, które jest męciutkie jak wełna i daje ludziom poczucie bezpieczeństwa i spokoju. Człowiek łagodny rozumie wszystko dzięki swojej dobroci i wszystko akceptuje dzięki miłości.

Jest jeszcze jedna rzecz, której nie może zabraknąć w duchowej łagodności. Jest to szlachetny charakter. Jeżeli mamy ciepłe i łagodne serce dla siebie samych, nic to nie znaczy. Od czasu do czasu, kiedy to konieczne, powinniśmy być w stanie zachęcać i doradzać innym, czyniąc uczynki dobroci i miłości. Okazując szlachetny charakter, wzmacniamy innych, ogrzewamy ich swoim ciepłem i pomagamy im odnaleźć odpoczynek.

Osoba łagodna w sensie duchowym

Ludzie, który posiadają prawdziwą duchową łagodność nie kierują się uprzedzeniami w stosunku do innych. Z nikim nie mają złych relacji. Inni ludzie czują ciepło jej serca i wiedzą, że mogą odnaleźć u niej pokój i odpoczynek umysłu. Taka duchowa łagodność jest jak wielkie drzewo, które daje cień w upalny dzień.

Jeżeli mąż akceptuje całą swoją rodzinę, żona będzie go szanować i kochać. Jeżeli żona posiada serce miękkie jak bawełna, zapewni komfort i spokój swojemu mężowi, aby małżeństwo było szczęśliwe. Dzieci wychowywane w takim domu, nie zagubią się pomimo trudności życiowych. Ponieważ rodzina będzie ich wzmacniać, będą w stanie przezwyciężać trudności i wzrastać w prawości i zdrowiu.

Ludzie, którzy pielęgnują duchową łagodność, będą dla innych źródłem odpoczynku i spokoju. Bóg uzna ludzi duchowo łagodnych za ludzi duchowo pięknych.

Na świecie ludzie na różne sposoby próbuje zdobyć serca innych. Czasami poprzez rzeczy materialne, sławę lub władzę. Jednak w taki sposób nie jesteśmy w stanie tak naprawdę zdobyć serc drugiego człowieka. Być może dana osoba będzie pomocna dla własnych korzyści, jednak ponieważ nie będzie tego robić z serca, zmienią swoje nastawienie, kiedy zmieni się sytuacja.

Jednak ludzie będą naturalnie gromadzić się wokół osoby, która ma duchową łagodność. Gorąco pragną być z taką osobą i lgną do niej, ponieważ dzięki osobie, która posiada duchową łagodność, czują się wzmocnieni i pokrzepieni. Tak więc wielu ludzi będzie lgnęło do osoby, która ma w sobie duchową łagodność. To jest duchowa władza.

W Mat. 5,5 czytamy o błogosławieństwie zdobycia dusz, które dowiadują się, że odziedziczą ziemię. Oznacza to, że zdobędą serce ludzi, którzy są z tej ziemi. W rezultacie, otrzymają duży kawałek ziemi w wiecznym królestwie niebieskim. Ponieważ tacy ludzie przyprowadzili do zbawienia wiele osób, otrzymają znaczące nagrody.

W Księdze Liczb 12,3 Bóg powiedział o Mojżeszu: *„Mojżesz zaś był człowiekiem bardzo skromnym, najskromniejszym ze wszystkich ludzi, jacy żyli na ziemi."* Mojżesz wyprowadził Izraelitów z Egiptu. Prowadził ponad 2 miliony ludzi przez 40 lat. Tak jak rodzice wychowują dzieci, tak Mojżesz zgodnie z wolą Bożą prowadził naród i opiekował się nimi. Nawet kiedy dzieci popełniają grzech, rodzice nie odrzucą ich. Tak samo, Mojżesz akceptował nawet tych, którzy zgodnie z prawem musieliby zostać odrzuceni. Prowadził ich aż do końca, prosząc Boga o wybaczenie.

Jeżeli masz w kościele choćby niewielką funkcję, rozumiesz, jak ważna jest łagodność. Nie tylko w przypadku obowiązków związanych z opieką nad ludźmi, ale w przypadku jakiejkolwiek odpowiedzialności. Jeżeli masz w sobie łagodność, łatwo unikniesz problemów. Nie ma nawet dwojga ludzi o takim samym charakterze. Każdy wychował się w różnych okolicznościach i ma inny charakter. Myśli i opinie mogą być odmienne.

Człowiek łagodny nie ma problemów z akceptacją. Łagodność, która pomaga człowiekowi otworzyć się i akceptować innych pięknie odznacza się w sytuacji, kiedy każdy naciska, że ma rację.

Dowiedzieliśmy się sporo o charakterach duchowych, symbolizowanych przez dwanaście kamieni węgielnych murów Nowego Jeruzalem. Są to wiara, prawość, poświęcenie, sprawiedliwość, wierność, pasja, łaska, cierpliwość, dobroć, samokontrola, czystość i łagodność. Kiedy połączymy wszystkie te cechy ujrzymy charakter Jezusa oraz Boga Ojca. To jest miłość doskonała.

Ludzie, którzy pielęgnowali doskonała miłość wraz z każdą cechą dwunastu kamieni węgielnych mogą odważnie wejść do Nowego Jeruzalem. Ich domy w Nowym Jeruzalem będą ozdobione dwunastoma różnymi kamieniami.

Dlatego, wnętrze miasta Nowego Jeruzalem jest tak piękne i zachwycające, że nie da się tego wyrazić słowami. Domy, budynki oraz inne powierzchnie użytkowe są ozdobione w najpiękniejszy możliwy sposób.

Jednak to, co Bóg uważa za najpiękniejsze to ludzie, którzy wchodzą do miasta. Będą lśnić wspanialszym światłem niż światła dwunastu kamieni. Będzie ich otaczał niezwykły zapach miłości Ojca, wypływający z głębi ich serca. Dzięki temu, Bóg Ojciec będzie zadowolony ze wszystkich rzeczy, które wykonał.

Rozdział 6

Dwanaście perłowych bram oraz droga ze złota

1. Dwanaście bram wykonanych z pereł
2. Ulice wykonane z czystego złota

> *„A dwanaście bram to dwanaście pereł: każda z bram była z jednej perły. I rynek Miasta to czyste złoto jak szkło przeźroczyste."*
> - Apokalipsa 21,21 -

Miasto Nowe Jeruzalem ma dwanaście bram, trzy na północ, trzy na południe, trzy na wschód i trzy na zachód. Wielkie anioł stoi na straży przy każdej bramie. Taki widok ukazuje wspaniałość i władzę Nowego Jeruzalem już na pierwszy rzut oka. Każda brama ma kształt łuku i jest tak wielka, że człowiek musi patrzyć wysoko w górę. Każda brama wykonana jest z wielkie perły. Otwiera się w każdą stronę i ma rączkę wykonaną ze złota i drogocennych kamieni. Brama otwiera się automatycznie – nikt nie musi robić tego ręcznie.

Bóg uczynił dwanaście bram z pereł oraz drogi ze złota dla swoich umiłowanych dzieci. O ileż piękniejsze i wspanialsze będą budynki w mieście?

Zanim skupimy się na budynkach i miejscach w mieście, zastanówmy się nad powodem, dla którego Bóg uczynił bramy Nowego Jeruzalem z pereł oraz ulice ze złota.

1. Dwanaście bram wykonanych z pereł

W Apokalipsie 21,21 czytamy: *„A dwanaście bram to dwanaście pereł: każda z bram była z jednej perły. I rynek Miasta to czyste złoto jak szkło przeźroczyste."* Dlaczego bramy wykonane są z pereł skoro w Nowym Jeruzalem jest wiele innych drogocennych kamieni? Niektórzy mogą stwierdzić, że lepiej byłoby każdą bramę udekorować innym kamieniem skoro jest dwanaście bram, jednak Bóg zdecydował się każdą bramę wykonać z perły.

Boży projekt ma swoje znaczenie. Perła ma inną wartość od pozostałych kamieni i uważana jest za bardziej cenną, ponieważ powstaje w bolesnym procesie.

Dlaczego Nowe Jeruzalem ma dwanaście bram z pereł?

Jak powstaje perła? Perła jest jednym z dwóch organicznych kamieni, które powstają pod wodę – drugi to koral. Jest podziwiana przez ludzi, ponieważ pięknie lśni, nawet jeszcze kiedy nie jest oszlifowana.

Perła powstaje po wewnętrznej stronie muszli z ostrygą. Jest niezwykłe błyszcząca, głownie składa się z węglany wapnia i ma kształt półkuli lub kuli. Kiedy obce ciało dostanie się do muszli, muszla cierpi w wielkim bólu, jakby nakłuwała ją igła. Muszla walczy z obcym ciałem w ogromnym bólu. Perła powstaje, kiedy wydzieliny muszli otaczają obce ciało.

Są dwa rodzaje pereł: naturalne i sztucznie produkowane. Ludzie odkryli w jaki sposób powstają perły. Zbierają muszle i wkładają sztuczne substancje do wnętrza muszli, aby wytworzyła się perła. Takie perły wyglądają na naturalne, jednak są tańsze, ponieważ mają cieńszą warstwę perłową.

Tak jak muszla produkuje piękną perłę, znosząc ból, tak samo bolesny jest proces odzyskiwania przez Boże dzieci utraconego obrazu Boga. Przychodzą z wiarą czystą jak złoto i mogą wejść do Nowego Jeruzalem, ponieważ wytrwali w trudnościach i smutku, żyjąc na ziemi.

Jeżeli pragniemy zwyciężyć w walce wiary i przejść przez

bramy Nowego Jeruzalem, musimy nasze serce poddać procesowi, w którym powstaje perła. Tak, jak ostryga przechodzi przez ból i cierpienie, aby powstała perła, Boże dzieci muszą wytrzymać ból, aby odzyskać utracony obraz Boga.

Kiedy grzech pojawił się na ziemi, a człowiek stał się splamiony grzechem, zatracił obraz Boga. W sercu człowieka znalazło się zło i fałsz, serce stało się nieczyste. Bóg Ojciec okazał swoją wielką miłość nawet w stosunku do ludzi, którzy mieli w sercu grzech.

Każdy kto wierzy w Jezusa zostanie oczyszczony z grzechu dzięki krwi Jezusa. Bóg pragnie, aby Jego dzieci były w pełni dojrzałe. On pragnie takich, którzy znów się nie ubrudzą. W sensie duchowym oznacza to, że nie będą popełniać już grzechów, lecz radować Boga swoją doskonała wiarą.

Aby mieć doskonałą wiarę, musimy mieć prawdziwe serce. Aby mieć prawdziwe serce, musimy usunąć z serca grzech i zło, a wypełnić je dobrocią i miłością. Im więcej dobroci i miłości mamy, tym lepiej odzyskamy obraz Boga.

Bóg Ojciec dopuszcza próby na swoje dzieci, aby pielęgnowały miłość i dobroć. Daje im możliwość znalezienia zła i grzechu w ich sercach w różnych sytuacjach. Kiedy odnajdujemy grzech i zło, będziemy odczuwać ból w sercu podobnie jak ostryga, do której muszli dostało się obce ciało, które rani. Musimy wziąć pod uwagę fakt, że odczuwamy ból, kiedy doświadczamy prób, ponieważ grzech i zło wypełnia nasze serce.

Jeżeli naprawdę uświadomimy sobie te kwestie, będziemy w stanie wytworzyć perłę w swoim sercu. Będziemy gorliwie się modlić, odetniemy grzech i zło, jakie odkryliśmy. Wtedy spłynie na nas łaska i moc Boża. Ponadto, Duch Święty będzie nam pomagał. W rezultacie, grzechy i zło, które odkryliśmy zostaną usunięte, a zamiast nich otrzymamy serce duchowe.

Perły są niezwykle cenne ze względu na proces ich powstania. Tak, jak muszla musi cierpieć i znosić ból, aby wytworzyć perłę. Musimy zwyciężyć i wytrwać ból, wchodząc do Nowego Jeruzalem. Będziemy mogli wejść przez bramy tylko, jeżeli zwyciężymy w bitwie wiary.

W Hebr. 12,4 czytamy: *„Jeszcze nie opieraliście się aż do przelewu krwi, walcząc przeciw grzechowi."* W drugiej części wersetu Apokalipsy 2,10 czytamy: *„Bądź wierny aż do śmierci, a dam ci wieniec życia."*

Jak mówi nam Biblia, będziemy mogli wejść do Nowego Jeruzalem, najpiękniejszego miejsca w niebie tylko, jeśli odrzucimy grzech, zło, i będziemy wierni aż do śmierci, wypełniając nasze obowiązki.

Przechodząc zwycięsko przez próby

Musimy mieć wiarę czystą jak złoto, aby wejść do Nowego Jeruzalem. Takiej wiary nie możemy po prostu dostać. Tylko, jeżeli przejdziemy zwycięsko przez próby wiary tak, jak muszla, która cierpi, aby mogła powstać perła, nasza wiara wzmocni się. Niełatwo jest zachować wiarę, ponieważ szatan i jego aniołowie starają się przeszkodzić nam w budowaniu naszej wiary. Co więcej, dopóki nie staniemy na skale wiary, może się nam wydawać, że droga do nieba jest trudna i bolesna, ponieważ musimy walczyć z szatanem z powodu fałszu w naszym sercu.

Jednakże, możemy zwyciężyć, ponieważ Bóg daje nam swoją łaskę i siłę, oraz Ducha Świętego, aby nas prowadził i wspierał. Jeżeli stoimy na skale wiary, będziemy w stanie pokonać wszelkie trudy i radować się zamiast smucić.

Mnisi buddyjscy biją się po swoim ciele i ujarzmiają samych siebie poprzez medytacje, aby odciąć się od rzeczy tego świata. Niektórzy przez wieki stosują ascetyzm, a kiedy umierają, pozostaje po nich już tylko „perła", która powstała w ciągu wielu lat wytrwałości i samokontroli tak, jak perła, która powstaje w muszli.

Jak wiele musimy wytrzymać i jak bardzo kontrolować samych siebie, aby odrzucić przyjemności tego świata i próżne rządze ciała dzięki swoim siłom? Jednak Boże dzieci mogą odrzucić przyjemności tego świata bardzo łatwo dzięki łasce i mocy Boga oraz pracy Ducha Świętego. Ponadto, dzięki pomocy Boga możemy pokonać trudności, biec w wyścigu wiary, ponieważ jest dla nas przygotowane niebo.

Dlatego Boże dzieci, które mają wiarę, nie muszą przechodzić przez próby w bólu i cierpieniu, ale pokonać je w radości i wdzięczności, doceniając błogosławieństwa oraz fakt, że niedługo nie będą już musiały pokonywać żadnych trudności.

Dwanaście bram z pereł dla zwycięzców w wierze

Dwanaście bram z pereł to łuki triumfalne dla zwycięzców w wierze tak samo jak za czasów starożytnych, kiedy zwycięscy dowódcy wracali do domu po wygranej bitwie i maszerowali pod łukiem triumfalnym na ich cześć.

W dawnych czasach, aby powitać i uhonorować żołnierzy oraz przywódców wracających do domu po zwycięstwie, ludzie budowali pomniki i nadawali im imiona bohaterów. Zwycięski generał byłby uhonorowany oraz przejechałby na rydwanie wysłanym przez króla przez łuk triumfalny lub bramę, witany przez tłum.

Kiedy dojeżdża do sali balowej pośród triumfującego tłumu śpiewaków, ministrowie, którzy siedzą z królem i królową witają ich. Dowódca schodzi z rydwanu i kłania się przed królem, a król podnosi go i wychwala jego niezwykłe poczynania. Jedzą, piją i dzielą się radością zwycięstwa. Dowódca może w nagrodzie otrzymać władzę, bogactwo i honory podobne królewskim.

Jeżeli autorytet dowódcy oraz armii jest znaczący, o ileż większy będzie autorytet ludzi, którzy przejdą przez dwanaście bram Nowego Jeruzalem? Bóg będzie ich kochał na wieki i będą mogli zamieszkać w chwale nieporównywalnej do chwały dowódców i żołnierzy, którzy przeszli pod łukiem triumfalnym. Kiedy przejdą przez dwanaście bram z pereł, przypomni im się ich wędrówka wiary, podczas której zmagali się i starali najlepiej jak mogli, a łzy wdzięczności popłyną z głębi ich serc.

Wzniosłość dwunastu bram z pereł

W niebie, ludzie nigdy nie zapomną niczego nawet po długim czasie, ponieważ niebo jest częścią świata duchowego. Zamiast tego, będą czasami wspominać przeszłość.

Dlatego ci, którzy wejdą do Nowego Jeruzalem będą przejęci zawsze kiedy spojrzą na dwanaście bram z pereł, myśląc: „Udało mi się przejść przez wiele prób i w końcu dotarłem do Nowego Jeruzalem!" Będą cieszyć się, wspominając chwile, kiedy walczyli i zmagali się, aż w końcu zwyciężyli szatana oraz odcięli się od fałszu i grzechu. Będą dziękować Bogu Ojcu, wspominać Jego miłość, która pomogła im zwyciężyć świat. Będą również dziękować tym, którzy pomogli im dotrzeć do miejsca zbawienia.

Na tym świecie, stopień wdzięczności czasami blaknie całkowicie i zanika z czasem, jednak ponieważ w niebie nie będzie już nieszczerości, wdzięczność, radość i miłość ludzka będą z czasem wzrastać. Stąd, zawsze kiedy mieszkańcy Nowego Jeruzalem spojrzą na bramy z pereł, będą wdzięczni Bogu za Jego miłość oraz innym ludziom za okazaną pomoc.

2. Ulice wykonane z czystego złota

Kiedy ludzie będą wspominać swoje życie na ziemi i przechodzić przez bramy z pereł, w końcu dotrą do Nowego Jeruzalem. Miasto będzie pełne światła Bożej chwały, spokojnego śpiewu aniołów oraz delikatnego zapachu kwiatów. Z każdym kolejnym krokiem zbawieni będą odczuwać niewyobrażalne szczęście i zachwyt.

Mury ozdobione dwunastoma kamieniami oraz piękne bramy z pereł zostały już omówione. Z czego w takim razie wykonane są ulice w Nowym Jeruzalem? W Apokalipsie 21,21 czytamy: *„I rynek Miasta to czyste złoto jak szkło przeźroczyste."* Bóg uczynił ulice Nowego Jeruzalem z czystego złota dla swoich dzieci, które wejdą do miasta.

Jezus Chrystus: droga

Na tym świecie jest wiele rodzajów dróg, poczynając od szlaków górskich do torów kolejowych, od wąskich uliczek do autostrad. W zależności od celu i potrzeby, ludzie wybierają różne drogi. Aby dotrzeć do nieba, mamy tylko jedną drogę:

Jezus Chrystus.

Odpowiedział mu Jezus: Ja jestem drogą i prawdą, i życiem. Nikt nie przychodzi do Ojca inaczej jak tylko przeze Mnie (Jan 14,6).

Jezus, jedyny syn Boże, otworzył drogę zbawienie przez ukrzyżowanie. Zajął miejsce człowieka, który miał umrzeć na wieki z powodu grzechu, lecz trzeciego dnia zmartwychwstał. Jeżeli wierzymy w Jezusa, możemy otrzymać życie wieczne. Dlatego, Jezus jest jedyną drogą do nieba, zbawienia oraz życia wiecznego. Co więcej, drogą do życia wiecznego jest przyjęcie Jezusa i ukształtowanie charakteru na Jego podobieństwo.

Złote drogi

Po obu stronach Rzeki Życia biegną ulice, które prowadzą do tronu Boga. Rzeka Wody Życia wypływa spod tronu Boga i Baranka, płynie przez Nowe Jeruzalem i powraca do tronu Boga.

„I ukazał mi rzekę wody życia, lśniącą jak kryształ, wypływającą z tronu Boga i Baranka. Pomiędzy rynkiem Miasta a rzeką, po obu brzegach, drzewo życia, rodzące dwanaście owoców – wydające swój owoc każdego miesiąca – a liście drzewa /służą/ do leczenia narodów" (Apokalipsa 22,1-2).

W sensie duchowym woda symbolizuje Słowo Boże, a ponieważ możemy zyskać życie poprzez Jego Słowo oraz podążać drogą do życia wiecznego poprzez Jezusa Chrystusa, Rzeka Wody Życia wypływa spod tronu Boga i Baranka.

Co więcej, ponieważ Rzeka Wody Życia opływa niebo, możemy łatwo dotrzeć do Nowego Jeruzalem podążając wzdłuż złotych ulic na obu stronach rzeki.

Znaczenie złotych ulic

Złote ulice nie tylko znajdują się w Nowym Jeruzalem, ale również w innych miejscach nieba. Jednakże, tak jak jasność, tworzywa i piękno różnią się w poszczególnych miejscach, tak jasność złotych ulic różni się w zależności od lokalizacji.

Czyste złoto w niebie, nie tak jak złoto na ziemi, nie jest miękkie, lecz mocne. Jednak kiedy spacerujemy po ulicach wydają się one miękkie. Co więcej, w niebie nie ma kurzu ani brudu, a ponieważ nic się nie zużywa, złote ulice nigdy nie ulegają uszkodzeniu. Po obu stronach dróg kwitną piękne kwiaty na przywitanie Bożych dzieci, które idą po drodze.

Jakie jest znaczenie oraz powód, dla którego Bóg uczynił złote ulice w niebie? Złote ulice przypominają nam, że im czystsze jest nasze serce, tym lepsze miejsce zamieszkania w niebie otrzymamy. Ponadto, ponieważ możemy wejść do Nowego Jeruzalem jedynie jeśli zdążamy do miasta z wiarą i nadzieją, Bóg uczynił ulice ze złota, co oznacza duchową wiarę oraz silną nadzieję.

Drogi z kwiatów

Odczuwamy różnicę, chodząc po świeżo skoszonym trawniku, kamieniach, chodnikach. Tak samo będziemy odczuwać różnicę, chodząc po drogach ze złota i z kwiatów. Są również drogi z drogocennych kamieni i za każdym razem będziemy odczuwać inny rodzaj przyjemności, spacerując po nich. Zauważamy również różnicę pod względem wygody różnych środków transportu, takich jak samolot, pociąg lub autobus – tak samo będzie w niebie. Spacerowanie po drogach jest zupełnie inne niż przemieszczanie się dzięki Bożej mocy.

Drogi z kwiatów w niebie nie mają kwiatów po obu stronach, ponieważ same wykonane są z kwiatów tak, aby ludzie mogli po nich chodzić. Będzie się im wtedy wydawać, że chodzą po miękkim dywanie. Kwiaty nie będą się niszczyć, ponieważ nasze ciała będą ciałami duchowymi, które są bardzo lekkie, więc kwiaty nie zostaną zgniecione.

Ponadto, niebiańskie kwiaty radują się i pięknie pachną, kiedy dzieci Boże spacerują po nich. Tak więc kiedy ludzie chodzą po drogach z kwiatów, zapach przenika ich ciało, odświeża je i uszczęśliwia.

Drogi z drogocennych kamieni

Drogi uczynione z drogocennych kamieni lśnią na różne kolory, a co ciekawsze, lśnią bardziej intensywnym światłem, kiedy ciała duchowe stąpają po nich. Kamienie również mają zapachy, więc ludzie tym większą odczuwają radość i szczęście. Ponadto, czujemy podekscytowanie, kiedy spacerujemy po drogach z drogocennych kamieni, ponieważ wydaje się jakbyśmy chodzili po wodzie. Oczywiście, nie mamy wrażenia, że możemy utonąć, lecz zamiast tego odczuwamy ekscytację z każdym kolejnym krokiem.

Jednakże, drogi z drogocennych kamieni znajdują się tylko w niektórych częściach nieba. Innymi słowy, takie drogi otaczają domy ludzi, których charakter najbardziej przypomina charakter Boga i którzy przyczynili się do wypełniania woli Bożej na ziemi. Drogi te wyglądają jak korytarze przystrojone najlepszymi materiałami i światłami w pałacu lub zamku królewskim.

Ludzie nie męczą się ani nie denerwują, ponieważ ich serca są pełne miłości – tak wygląda duchowy świat. Ponadto, odczuwają radość i szczęście, ponieważ nawet najmniejsza rzecz ma duchowe znaczenie. Jakże piękne i wspaniałe jest Nowe Jeruzalem.

Bóg przygotował je dla swoich dzieci. Nawet ludzie w Raju, Pierwszym, Drugim lub Trzecim Królestwie cieszą się i są wdzięczni, kiedy przechodzą przez bramy z pereł, zaproszeni do Nowego Jeruzalem.

Czy potrafisz sobie wyobrazić, o ileż bardziej dzieci Boże będą wdzięczne i radosne z powodu przybycia do Nowego Jeruzalem, dzięki temu, że spełniały wolę Pana?

Trzy klucze, aby wejść do Nowego Jeruzalem

Nowe Jeruzalem jest miastem o kształcie sześcianu, a jego szerokość, długość i wysokość wynoszą 2400 km. Mury miasta mają dwanaście bram i dwanaście fundamentów. Mury miasta, bramy i fundamenty mają duchowe znacznie. Jeżeli zrozumiemy ich znaczenie oraz przyjmiemy je do serca, będziemy mogli wejść do Nowego Jeruzalem. W takim kontekście, duchowe znaczenie tych elementów jest kluczem do Nowego Jeruzalem.

Pierwszy klucz, aby wejść do Nowego Jeruzalem jest ukryty w murach miasta. W Apokalipsie 21,18 czytamy: *„A mur jego jest zbudowany z jaspisu, a Miasto – to czyste złoto do szkła czystego podobne."* Mury miasta wykonane z jaspisu w duchowym sensie symbolizują wiarę.

Wiara jest najbardziej podstawowym i najważniejszym elementem chrześcijańskiego życia. Bez wiary nie możemy być zbawieni ani uradować Boga. Aby wejść do Nowego Jeruzalem, musimy mieć wiarę, która jest radością dla Boga – piąty poziom wiary, który jest najwyższym poziomem. Dlatego, pierwszym kluczem jest piąty poziom wiary – wiary, która jest radością dla Boga.

Drugi klucz odnajdujemy w dwunastu kamieniach węgielnych. Połączenie duchowego znaczenie dwunastu kamieni, z których uczynione są fundamenty daje doskonałą miłość i taka miłość jest drugim kluczem do Nowego Jeruzalem.

Dwanaście fundamentów jest uczynionych z dwunastu różnych kamieni. Każdy kamień symbolizuje szczególną cechę charakteru: wiara, prawość, poświęcenie, sprawiedliwość, wierność, pasja, Łąska, dobroć, samokontrola, czystość i łagodność. Kiedy połączymy wszystkie te cechy, oznaczają one charakter Jezusa i Boga Ojca, którzy są miłością sami w sobie. Podsumowując, drugim kluczem do Nowego Jeruzalem jest doskonała miłość.

Trzeci klucz jest ukryty w dwunastu bramach z pereł. Poprzez symbol perły, Bóg pragnie nam uświadomić, w jaki sposób możemy dostać się do Nowego Jeruzalem. Perła powstaje w inny sposób niż pozostałe drogocenne kamienie. Złoto, srebro i inne kamienie, które stanowią dwanaście fundamentów, pochodzą z ziemi. Jednak perła powstaje z żywej istoty. Większość pereł powstaje z ostryg. Ostryga odczuwa wiele bólu, aby mogła powstać perła. Tak samo, Boże dzieci muszą przetrwać ból, aby odzyskać obraz Boga.

Bóg Ojciec pragnie odzyskać dzieci, które się nie ubrudziły ponownie po tym, jak zostały oczyszczone krwią Jezusa, lecz przynosiły Bogu radość swoją wiarą. Doskonała wiara wymaga prawdziwego charakteru. Możemy posiąść prawdziwy charakter, jeżeli usuniemy grzech i zło z serca, i wypełnimy je dobrocią i miłością.

Dlatego, Bóg dopuszcza na nas próby wiary aż osiągniemy prawdziwy charakter i doskonała wiarę. Pozwala nam odkryć nasze grzechy i zło w sercu w różnych sytuacjach. Kiedy odkrywamy nasze grzechy i zło, odczuwamy w sercu ból. To samo, jak ciało obce dostaje się do wnętrza muszli i kłuje ją, wtedy ostryga pokrywa się kolejnymi warstwami, aby zwalczyć ciało obce. W ten sam sposób, kiedy przechodzimy przez próby z wiarą, nasze serce i charakter stają się silniejsze. Tak jak w muszli powstaje perła, wierzący muszą ukształtować perłę ze swojego charakteru, aby dostać się do Nowego Jeruzalem. To jest trzecim kluczem do Nowego Jeruzalem.

Pragnę, abyście zrozumieli duchowe znaczenie murów Nowego Jeruzalem, dwunastu bram i dwunastu kamieni węgielnych, oraz posiedli trzy klucze do Nowego Jeruzalem dzięki duchowym zdolnościom.

Rozdział 7

Ujmujący spektakl

1. Nie potrzeba już światła słońca ani księżyca
2. Zachwyt Nowym Jeruzalem
3. Wieczność z Panem, naszym Oblubieńcem
4. Chwała mieszkańców Nowego Jeruzalem

„*A świątyni w nim nie dojrzałem: bo jego świątynią jest Pan, Bóg wszechmogący oraz Baranek. I Miastu nie trzeba słońca ni księżyca, by mu świeciły, bo chwała Boga je oświetliła, a jego lampą – Baranek. I w jego świetle będą chodziły narody, i wniosą do niego królowie ziemi swój przepych. I za dnia bramy jego nie będą zamknięte: bo już nie będzie tam nocy. I wniosą do niego przepych i skarby narodów. A nic nieczystego do niego nie wejdzie ani ten, co popełnia ohydę i kłamstwo, lecz tylko zapisani w księdze życia Baranka.*"

- Apokalipsa 21,22-27 -

Apostoł Jan, któremu Duch Święty pokazał Nowe Jeruzalem, zapisał wygląd miasta ze szczegółami, patrząc na nie w dół z wysokiej góry. Jan pragnął ujrzeć wnętrze Nowego Jeruzalem, i kiedy w końcu je zobaczył, widok był tak niezwykły, że Jan był kompletnie podekscytowany.

Jeżeli będziemy mogli wejść do Nowego Jeruzalem i staniemy przed bramami miasta, zobaczymy perłowe bramy tak wielkie, że trudno je objąć wzrokiem.

Niewyobrażalnie piękne światła Nowego Jeruzalem otaczają wchodzących, którzy odczuwają wielką miłość Bożą i nie potrafią powstrzymać łez.

Czując wszechogarniającą miłość Boga Ojca, który chronił nas swoje dzieci, łaskę Pana, który przebaczył nam dzięki swojej przelanej na krzyżu krwi, oraz miłość Ducha Świętego, który mieszka w naszych sercach, a który pomógł nam żyć w prawdzie, oddajemy chwałę i honory Bogu.

Spójrzmy na szczegóły miasta Nowego Jeruzalem w oparciu o opis apostoła Jana.

1. Nie potrzeba już światła słońca ani księżyca

Apostoł Jan, patrząc na scenerię Nowego Jeruzalem pełnego Bożej chwały, wyznał:

„I Miastu nie trzeba słońca ni księżyca, by mu

świeciły, bo chwała Boga je oświetliła, a jego lampą – Baranek" (Apokalipsa 21,23).

Nowe Jeruzalem jest pełne Bożej chwały, ponieważ Bóg przebywa w mieście i rządzi nim, i w tym znajduje się potwierdzenie duchowej rzeczywistości, w której Bóg zapoczątkował funkcjonowanie Trójcy w celu zrealizowania planu zbawienia.

Boża chwała lśni nad Nowym Jeruzalem

Powodem, dla którego Bóg ustanowił na ziemi słońce i księżyc było rozpoznanie przez nas dobra i zła oraz rozróżnienie między duchem i ciałem poprzez symbolikę światła i ciemności tak, abyśmy mogli prowadzić życie prawdziwych dzieci Bożych. On wie wszystko o duchu i ciele, o tym, co dobre i co złe, jednak ludzie nie są świadomi tych rzeczy, ponieważ są tylko stworzeniem.

Kiedy pierwszy człowiek Adam był w Ogrodzie Eden przed początkiem historii ludzkiej, nie wiedział o tym, co złe, o śmierci, ciemności, biedzie lub chorobach. Dlatego, nie potrafił w pełni zrozumieć szczęścia ani być wdzięcznym Bogu, który dał mu wszystko, pomimo że żył w obfitości.

Aby Adam poznał prawdziwe szczęście, musiał przelać łzy, cierpieć z bólu i chorób, doświadczyć śmierci, i to jest właśnie proces poznania ludzkości. Prosimy odnieść się do książki pt. *„Przesłanie z Krzyża"*, aby dowiedzieć się więcej.

Adam popełnił grzech nieposłuszeństwa, ponieważ zjadł z drzewa poznania dobra i zła, został wypędzony na ziemię oraz doświadczył względności. Dopiero wtedy uświadomił sobie, jak obfite, szczęśliwe i piękne było jego życia w Ogrodzie Eden i dziękował Bogu z całego serca.

Jego potomkowie również potrafili rozróżnić światłość od ciemności, ciało od ducha, dobro od zła, doświadczając wielu trudności i problemów. Dlatego, kiedy otrzymujemy zbawienie i idziemy do nieba, światło słońca lub księżyca nie będą już potrzebne.

Ponieważ sam Bóg przebywa w Nowym Jeruzalem, nie ma tam ciemności. Co więcej, światło Bożej chwały lśni najmocniej w Nowym Jeruzalem, dlatego miasto nie potrzebuje słońca ani księżyca, ani żadnych lamp czy oświetlenia.

Baranek, który jest światłością Nowego Jeruzalem

Jan nie potrafił znaleźć niczego, co świeciłoby silniejszym światłem niż słońce lub księżyc, ponieważ Jezus Baranek stał się światłością Nowego Jeruzalem.

Ponieważ pierwszy człowiek Adam popełnił grzech nieposłuszeństwa, rasa ludzka zaczęła kroczyć drogą śmierci (Rzym. 6,23). Bóg miłości wysłał Jezusa na ziemię, aby rozwiązać problem grzechu. Jezus, Syn Boga, przyszedł w ciele na ziemię, oczyścił nas z grzechów poprzez przelanie swojej krwi oraz stał się pierwszym owocem zmartwychwstania, łamiąc moc śmierci.

W rezultacie, wszyscy ci, którzy przyjmą Jezusa jako swojego osobistego Zbawiciela otrzymają życie i mogą być uczestnikami zmartwychwstania, cieszyć się życiem wiecznym w niebie oraz otrzymać odpowiedzi na wszelkie pytania, które chcą zadać

Bogu. Ponadto, dzieci Boże mogą stać się światłością świata i oddać chwałę Bogu przez Jezusa Chrystusa. Innymi słowy, światło Bożej chwały lśni jaśniej dzięki Jezusowi Zbawicielowi.

2. Zachwyt Nowym Jeruzalem

Kiedy popatrzymy na miasto Nowe Jeruzalem z daleka, poprzez chmury chwały zobaczymy piękne budynki wykonane z pięknym drogich kamieni oraz złota. Miasto wydaje się być pełne żywych świateł, lśniących drogocennych kamieni, zdobiących domy, światła chwały Bożej oraz światła murów z jaspisy oraz czystego złota.

Jak możemy wyrazić słowami emocje i podekscytowanie wejściem do Nowego Jeruzalem? Miasto jest tak piękne, wspaniałe i zachwycające, że nikt z nas nie potrafi sobie tego wyobrazić. Pośrodku miasta znajduje się tron Boży, z którego wypływa rzeka wody życia. Wokół tronu Bożego są domy Eliasza, Enocha, Abrahama i Mojżesza, Marii Magdaleny oraz Marii, matki Jezusa – wszyscy oni bardzo ukochali Boga.

Zamek Pana

Zamek Pana znajduje się po prawej stronie tronu Bożego, gdzie Bóg przebywa podczas nabożeństw uwielbieniowych lub przyjęć w Nowym Jeruzalem. W zamku Pana znajduje się wielki budynek, który ma złoty dach, a wokół niego znajduje się wiele małych budynków. W szczególności, ponad złotym dachem są tak również krzyże chwały, otoczone światłami. Przypominają nam one o tym, że otrzymaliśmy zbawienie oraz znaleźliśmy się w niebie, dzięki temu, że Jezus przyjął za nas krzyż.

Wielki budynek pośrodku ma strukturę o kształcie cylindrycznym i jest ozdobiony wieloma drogocennymi kamieniami, pięknymi światłami, lśniącymi w pięknym kolorach tęczy. Gdybyśmy mieli porównać zamek Pana do jakiejkolwiek budowli na ziemi, jest on najbardziej podobny do Katedry Św. Bazyla w Moskwie w Rosji. Jednakże, styl, materiały oraz rozmiar dalece przewyższają najwspanialsze budynki kiedykolwiek zaprojektowane lub wybudowane na ziemi.

Poza tym budynkiem pośrodku, są tam również inne budynki wokół zamku Pana. Bóg Ojciec przygotował te budynki, aby ci, którzy mają bliski kontakt z Jezusem mogli pozostać ze swoimi ukochanymi. Patrząc od przodu na zamek Pana, w pobliżu widzimy również domy dwunastu apostołów. Z przodu znajduje się dom Piotra, Jana I Jakuba, natomiast pozostałe domu są za zamkiem. Maria Magdalena oraz Maria matka Jezusa mają swoje miejsce w zamku Pana. Oczywiście, mogą tam przebywać jedynie tymczasowo, kiedy zostaną zaproszone, a ich rzeczywiste domy znajdują się w pobliżu tronu Boga.

Zamek Ducha Świętego

Po lewej stronie w dół od tronu Bożego znajduje się zamek Ducha Świętego. Ten wielki zamek reprezentuje łagodne i delikatne oraz matczyne cechy Ducha Świętego, ponieważ zawiera w sobie wiele budynków w kształcie kopuły o różnych wielkościach.

Dach najjaśniejszego budynku pośrodku zamku jest jak jeden

wielki kawał rubinu, które symbolizuje pasję. Wokół budynku przepływa rzeka wody życia, która wypływa spod tronu Boga i zamku Pana.

Wszystkie zamki w Nowym Jeruzalem są wielkie i wspaniałe, jednak zamki Pana i Ducha Świętego są wyjątkowo wspaniałe i piękne. Ich wielkość jest porównywalna z wielkością miasta, a nie zamku, i zbudowane są w wyjątkowym stylu, ponieważ zbudowane zostały samego Boga Ojca, podczas gdy pozostałe zostały zbudowane przez aniołów. Co więcej, podobnie jak zamek Pana, domy tych, którzy są zjednoczeni z Duchem Świętym oraz zdobyli królestwo Boże, są wybudowane wokół zamku Ducha Świętego.

Wielkie Sanktuarium

Wiele budynków jest nadal budowanych wokół zamku Ducha Świętego. Jeden z nich jest wyjątkowo piękny i wspaniały. Ma okrągły dach i dwanaście wysokich filarów, oraz dwanaście wielki bram pomiędzy filarami. To Wielkie Sanktuarium wykonane na podobieństwo Nowego Jeruzalem.

Jednakże, Jan w Apokalipsie 21,22 pisze: *„A świątyni w nim nie dojrzałem: bo jego świątynią jest Pan, Bóg wszechmogący oraz Baranek."* Dlaczego Jan nie widział świątyni? Ludzie myślą, że Bóg potrzebuje miejsca, w którym może przebywać, np. świątyni. Dlatego, na ziemi oddajemy Mu chwałę w świątyniach, gdzie głoszone jest słowo Boże.

Jak napisał Jan w Ewangelii Jana 1,1: *„Na początku było Słowo, a Słowo było u Boga, i Bogiem było Słowo."* Tam, gdzie jest słowo, jest Bóg, zawsze kiedy słowo głoszone jest w świątyni.

Jednakże, sam Bóg przebywa w Nowym Jeruzalem. Bóg, który jest słowem, oraz Pan, który jest jedno z Bogiem, przebywają w Nowym Jeruzalem, więc nie potrzebują świątyni. Stąd, poprzez apostoła Jana Bóg przekazuje nam, że świątynia nie jest potrzebna, a Bóg i Pan są świątynią Nowego Jeruzalem.

Dlatego zastanawiamy się, dlaczego budowane jest Wielkie Sanktuarium, którego wcześniej nie widział apostoł Jan? Jak czytamy w Dziejach Apostolskich 17,24: „*Bóg, który stworzył świat i wszystko na nim, On, który jest Panem nieba i ziemi, nie mieszka w świątyniach zbudowanych ręką ludzką*", Bóg nie przebywa w konkretnym budynku świątynnym.

Podobnie, pomimo, że tron Boga znajduje się w niebie, On nadal pragnie budować Wielkie Sanktuarium, które będzie symbolem Jego chwały. Wielkie Sanktuarium stanie się solidnym dowodem mocy i chwały Boga na całym świecie.

W dzisiejszych czasach, jest wiele wspaniałych i wielkich budynków na ziemi. Ludzie inwestują wielkie dumy pieniędzy oraz budują piękne struktury dla swojej chwały, zgodnie z ich pragnieniem, jednak nikt nie czyni tego, co Bóg, który jedynie zasługuje na uwielbienie. Dlatego, Bóg pragnie, aby Jego dzieci, które otrzymały Ducha Świętego i zostały uświęcone, zbudowały piękne i wspaniałe Sanktuarium. Pragnie zostać odpowiednio uwielbiony przez ludzi wszelkich nacji (1 Kron. 22,6-16).

Podobnie, kiedy piękne Wielkie Sanktuarium zostanie wybudowane w taki sposób, jak Bóg tego pragnie, wszyscy ludzie ze wszystkich nacji uwielbią Boga i przygotują się jako oblubienica dla Pana. Dlatego Bóg przygotował Wielkie Sanktuarium jako centrum ewangelizacji, aby prowadzić niezliczone rzesze ludzi drogą zbawienia i zaprowadzić ich do Nowego Jeruzalem na końcu czasów. Jeżeli uświadomimy sobie Bożą opatrzność, zbudujemy Wielkie Sanktuarium i oddamy chwałę Bogu, On nagrodzi nas zgodnie z naszymi uczynkami i zbuduje takie same Wielkie Sanktuarium w mieście Nowe Jeruzalem.

Stąd, kiedy patrzymy na Wielkie Sanktuarium wykonane z drogich kamienia oraz złota, których nie można porównywać z żadnymi materiałami ziemskimi, ci, którzy wejdą do nieba będą wdzięczni za Bożą miłość, która przyprowadziła ich drogą chwały i błogosławieństw.

Domy z niebie ozdobione złotem i drogimi kamieniami

Wokół zamku Ducha Świętego znajdują się domy udekorowane wieloma drogimi kamieniami. Wiele domów jest jeszcze budowanych. Moglibyśmy zobaczyć wielu pracujących aniołów, którzy umieszczają drogie kamienie lub oczyszczają domy. W ten sposób, Bóg nagradza zgodnie z indywidualnymi uczynkami oraz pozwala ludziom zamieszkać w ich domach.

Bóg pokazał mi kiedyś domy dwojga wiernych pracowników kościoła. Jeden z nich był źródłem wielkie siły dla kościoła dzięki modlitwie o królestwo Boże w dzień i w nocy. Jej dom miał zapach modlitwy i wytrwałości oraz ozdobiony pięknymi kamieniami.

Ponadto, aby ukazać jej wspaniałe cechy charakteru, Bóg umieścił w rogu ogrodu stół, przy którym może wypić herbatę ze swoimi ukochanymi. Wokół domu jest wiele małych kwiatów o różnych kolorach. To jest jedynie wejście oraz ogród tej osoby. Czy możesz sobie wyobrazić, o ileż wspanialszy będzie cały budynek?

Drugi dom, który pokazał mi Bóg, należy do pracownika, który poświęcił się ewangelii poprzez literaturę. Miałem możliwość zobaczyć jeden pokój znajdujący się w budynku. Było tam biurko, krzesło, świeczka – a wszystko wykonane ze złota. W pokoju było również wiele książkę, które ta kobieta otrzymała w nagrodę oraz na pamiątkę swojej pracy na chwałę Boga, a Bóg wiedział, że ta kobieta uwielbiała czytać.

Podobnie, Bóg nie tylko przygotowuje wspaniałe domy w niebie, ale również pięknie je wyposaża tak, że nie jesteśmy w stanie sobie tego wyobrazić. Nagradza nas za to, czego wyrzekliśmy się i porzuciliśmy na świecie jako ziemskie przyjemności, aby poświęcić się w pełni osiągnięciu królestwa Bożego.

3. Wieczność z Panem, naszym Oblubieńcem

W mieście Nowe Jeruzalem odbywać się będzie wiele przyjęć, łącznie z tymi wydawanymi przez Boga Ojca. Ponieważ ci, którzy żyją w Nowym Jeruzalem mogą zapraszać swoich braci i siostry, którzy żyją w innych częściach nieba.

Jakże wspaniałe i szczęśliwe będzie życie w Nowym Jeruzalem oraz zaproszenie przez Pana, aby dzielić z Nim miłość oraz brać udział w przyjęciach.

Serdeczne przywitanie w zamku Pana

Kiedy ludzie zostaną zaproszeni do Nowego Jeruzalem przez Pana Oblubieńca, przystroją się jak najpiękniejsza oblubienica i z radosnymi sercami zgromadzą się w zamku Pana. Kiedy oblubienice Pana przybędą do zamku, dwóch aniołów po obu stronach lśniącej bramy przywita ich serdecznie. Zapach murów ozdobionych drogimi kamieniami oraz kwiatów otoczy ich ciała i spotęguje radość.

Kiedy ludzie będą wchodzić przez bramę, ich dusze zostaną poruszone głębokimi dźwiękami uwielbienia. Kiedy usłyszą te dźwięki, ogarnie ich pokój, szczęście oraz wdzięczność do Boga za Jego miłość, ponieważ będą świadomi, że to On ich tam przyprowadził.

Kiedy będą szli po drodze z czystego złota, aby dotrzeć do głównego budynku, będą eskortowani przez aniołów oraz będą mijać wiele wspaniałych budynków oraz ogrodów. Zanim dojdą na miejsce ich serca będą bić z nadzieją na spotkanie Pana. Kiedy podejdą bliżej do głównego budynku, zobaczą Pana, który czeka, aby ich przyjąć. Łzy będą zasłaniać im widok, jednak pobiegną do Pana, aby jak najszybciej Go zobaczyć. Pana będzie czekać na nich z otwartymi ramionami. Pełen miłości i delikatności, przytuli każdego z nich.

Pan powie im: „Przyjdź moja piękna Oblubienica! Witam cię!" Zaproszeni wyznają swoją miłość do Pana mówiąc: „Dziękujemy za zaproszenie z głębi naszego serca." A następnie będą chodzić ramię w ramię z Panem jak zakochana para i prowadzić rozmowy, za którymi tęsknili od zawsze. Po prawej stronie budynku będzie znajdować się jezioro. Tam Pan szczegółowo wyjaśni swoje uczucia oraz okoliczności swojej służby na ziemi.

Nad jeziorem, które będzie przypominać Jezioro Galilejskie

Dlaczego to jezioro przypomina im Jezioro Galilejskie?

Ujmujący spektakl

Bóg uczynił jezioro na pamiątkę, ponieważ Pan rozpoczął oraz prowadził swoją służbę w okolicach Jeziora Galilejskiego (Mat. 4,23). W Izajaszu 9,1 czytamy: „*Ale jednak nie tak zaćmiona będzie ona ziemia, która uciśniona będzie, jako pierwszego czasu, gdy Bóg dotknął ziemię Zabulon, i ziemię Neftalim; ani jako potem, gdy obciążył ku drodze morskiej przy Jordanie Galileę ludną.*" W proroctwach napisano, że Pan rozpocznie swoją służbę nad Jeziorem Galilejskim i to proroctwo się wypełniło.

W jeziorze pływa wiele różnokolorowych ryb. W 21 rozdziale Ewangelii Jana, zmartwychwstały Pan pokazał się Piotrowi, który nie mógł złapać ani jednej ryby i powiedział mu: „*Zarzućcie sieć po prawej stronie łodzi, a znajdziecie. Zarzucili więc i z powodu mnóstwa ryb nie mogli jej wyciągnąć*" (wers 6). Piotr usłuchał i złowił 153 ryby. W jeziorze przy zamku Pana również znajdują się 153 ryby. To również jest pamiątka służby Pana. Kiedy ryby wyskakują ponad wodę, ich kolory zmieniają się, a zbawieni nie mogą wyjść z zachwytu.

Pan chodzi po jeziorze tak, jak chodził po wodzie Jeziora Galilejskiego na ziemi. Zaproszenie do miasta będą stać wokół jeziora z radością i czekać na możliwość rozmowy z Panem. Pan szczegółowo wyjaśni sytuację, kiedy chodził po wodzie Jeziora Galilejskiego. Wtedy Piotrowi, który przez moment chodził po wodzie dzięki posłuszeństwie Słowu Pana, będzie przykro, że zaczął tonąć, ponieważ miał mało wiary (Mat. 14,28-32).

Muzeum ku czci służby Pana

Odwiedzając różne miejsca w towarzystwie Pana, ludzie będą

myśleć o swoim życiu na ziemi i poczują się niezwykle przejęci miłością Ojca i Pana, którzy przygotowali niebo. Przybędą do muzeum znajdującego się po lewej stronie głównego budynku zamku Pana. Bóg Ojciec zbudował go na pamiątkę służby Jezusa na ziemi, aby ludzie mogli widzieć i odczuwać to w realny sposób. Na przykład, miejsce gdzie Jezus został osądzony przez Poncjusza Piłata oraz Via Dolorosa, po której szedł dźwigając krzyż na Golgotę są zbudowane w taki sam sposób. Kiedy ludzie zobaczą te miejsca, Pan dokładnie wyjaśni im wszystkie sytuacje.

Niedawno dzięki inspiracji Ducha Świętego, dowiedziałem się o tym, co Pan wtedy wyznał i chciałbym się tym częściowo z wami podzielić. Jest to poruszające wyznanie Jezusa, który przyszedł na ziemię, pozostawiając swoją chwałę w niebie, które uczynił krocząc na Golgotę.

> Ojcze! Mój Ojcze!
> Mój Ojcze, który jesteś światłością doskonałą,
> Prawdziwie kochasz całe swoje stworzenie!
> Ziemię, po której chodziłem
> Z Tobą po raz pierwszy,
> Oraz ludzi,
> Od momentu stworzenia,
> Tak bardzo obecnie znieprawionych...
>
> Uświadamiam sobie
> Dlaczego mnie tutaj posłałeś,
> Dlaczego pozwoliłeś mi wycierpieć prześladowania
> Które sprawili mi ludzie,

Oraz dlaczego pozwoliłeś mi tutaj zejść
Z pełnego chwały miejsca w niebie!
Teraz czuję i jestem świadomy
Wszystkich tych rzeczy w głębi mojego serca.

Jednak Ojcze!
Wiem, że odnowisz wszystko
W swojej sprawiedliwości i zgodnie z planem.
Ojcze!
Wszystkie te rzeczy są chwilowe.
Z powodu chwały
Którą mi ofiarujesz,
Oraz dzięki drodze światłości
Która otworzy się przed tymi ludźmi,
Ojcze,
Przyjmuję ten krzyż z nadzieją i radością.

Ojcze, potrafię iść tą drogą
Ponieważ wierzę
Że otworzysz drogę oraz podarujesz światłość
Poprzez Swoją miłość
I oświecisz swojego syna
Pięknym światłem
Kiedy to wszystko się skończy
Za krótki już czas.

Ojcze!
Ziemia, po której wcześniej chodziłem była ze złota
Drogi również były ze złota

Zapach kwiatów, który wdychałem
Nie może być porównany
Do zapachu kwiatów na ziemi
Materiały, z których wykonane są ubrania, które nosiłem
Są tak odmienne od tych,
A miejsce, w którym mieszkałem
Było pełne chwały.
Chciałbym, aby ci ludzie
Poznali to piękne i spokojne miejsce.

Ojcze,
Jestem świadomy Twojej opatrzności.
Dlaczego mnie zrodziłeś,
Dlaczego dałeś mi taki obowiązek,
Oraz dlaczego pozwoliłeś mi tutaj zejść
Aby chodzić po zdeprawowanej ziemi
I czytać w umysłach zdeprawowanych ludzi.
Błagam Cię, Ojcze
O twoją miłość, wspaniałość
I wszystko, co nieskazitelne.

Mój drogi Ojcze!
Ludzie myślą, że nie potrafię się obronić
Że uważam się za króla żydowskiego.
Jednak Ojcze,
Jakże mogą oni uchwycić wspomnienie
Płynące z mojego serca
Miłość Ojca, płynącą z mojego serca,
Miłość do tych ludzi,

Płynącą z mojego serca?

Ojcze,
Wielu ludzi uświadomi sobie i zrozumie
Rzeczy, które mają się wydarzyć
Dzięki Duchowi Świętemu
Którego podarujesz im w darze
Kiedy mnie zabierzesz.
Z powodu chwilowego bólu,
Ojcze, nie roń łez
Ani nie odwracaj swojej twarzy ode mnie.
Nie dopuść, by Twoje serce było pełne bólu,
mój Ojcze!

Ojcze, kocham Cię!
Aż do ukrzyżowania,
Przelania krwi i mojego ostatniego oddechu,
Ojcze, myślę o tych wszystkich rzeczach
Oraz sercach tych ludzi.

Ojcze, niech nie będzie Ci przykro,
Bądź uwielbiony poprzez Syna Swego,
A opatrzność i wszystkie plany Ojca
Niech wypełnią się całkowicie na wieki.

Pan Jezus wyjaśnia, co działo się w Jego umyśle, kiedy wisiał na krzyżu: chwała nieba. Stojąc przed Ojcem i ludźmi, mówi o tym, dlaczego Ojciec dał Mu takie zadania do wykonania.

Osoby zaproszone do zamku Pana będą ronić łzy, słuchając

tego i dziękować Panu ze łzami w oczach za to, że zawisnął za nich na krzyżu. Z głębi serc wyznają: „Mój Panie, jesteś moim prawdziwym Zbawicielem."

Na pamiątkę cierpienia Jezusa Bóg uczynił drogi z drogocennych kamieni w zamku Pana. Kiedy ktoś idzie po drodze zbudowanej i ozdobionej wieloma różnokolorowymi kamieniami, światło będzie wydawało się jaśniejsze, i każdy będzie miał wrażenie, że chodzi po wodzie. Co więcej, na pamiątkę faktu, iż Jezus wisiał na krzyżu, aby zbawić ludzkość od grzechu, Bóg Ojciec uczynił drewniany krzyż ubrudzony krwią. Jest tam również stajenka z Betlejem, w której narodził się Pan oraz inne rzeczy, które można zobaczyć, aby lepiej zrozumieć misję Pana. Kiedy ludzie będą odwiedzać te miejsca, będą mogli ujrzeć oraz usłyszeć o pracy Pana i odczuć miłość Jezusa i Boga Ojca głębiej oraz oddać Mu chwałę i dziękczynienie.

4. Chwała mieszkańców Nowego Jeruzalem

Nowe Jeruzalem jest najpiękniejszym miejscem w niebie. Otrzymają je ci, którzy uświęcą swoje serca i będą wierni domowi Bożemu. W Apokalipsie 21,24-26 czytamy o tym, jacy ludzie otrzymają możliwość wejścia do Nowego Jeruzalem:

„I w jego świetle będą chodziły narody, i wniosą do niego królowie ziemi swój przepych. I za dnia bramy jego nie będą zamknięte: bo już nie będzie tam nocy. I wniosą do niego przepych i skarby narodów"

Narody pójdą w światłości

Słowo „narody" odnosi się do wszystkich ludzi, którzy zostaną zbawienie bez względu na ich pochodzenie. Ludzie różnią się od siebie pod względem obywatelstwa, rasy oraz innych cech, jednak kiedy otrzymają zbawienie od Jezusa Chrystusa, wszyscy staną się dziećmi Bożymi z obywatelstwem królestwa niebieskiego.

Dlatego wyrażenie „w jego świetle będą chodziły narody" oznacza, że wszystkie Boże dzieci będą chodziły w świetle Bożej chwały. Jednakże, nie wszystkie dzieci Boże będą miały możliwość wchodzić do Nowego Jeruzalem, kiedy tylko zapragną. Ponieważ ci, którzy będą mieszkali w Raju, Pierwszym, Drugim lub Trzecim Królestwie mogą wejść do Nowego Jeruzalem tylko po otrzymaniu zaproszenia. Tylko w pełni uświęceni oraz wierni domowi Bożemu mają przywilej oglądać Boga Ojca twarzą w twarz w Nowym Jeruzalem na wieki.

Królowie ziemscy oddadzą chwałę

Wyrażenie „królowie ziemscy" odnosi się do tych, którzy byli duchowymi liderami na ziemi. Lśnią jak dwanaście kamieni dwunastu fundamentów Nowego Jeruzalem oraz mają możliwość na wieki zamieszkać w mieście. Podobnie, ci, którzy zostaną rozpoznani przez Boga, kiedy staną przed Nim, przyniosą dary, które przygotowali z całego swojego serca. Poprzez „dary" rozumiem tutaj wszystko, dzięki czemu oddawali chwałę Bogu w swoich sercach, które są czyste jak kryształ.

Dlatego, „wniosą do niego królowie ziemi swój przepych" oznacza, że jako dary przygotują wszystko to, na co pracowali dla królestwa Bożego i przez co oddawali Mu chwałę, i wniosą to ze sobą do Nowego Jeruzalem.

Królowie ziemscy dają podarunki królom większych i silniejszych narodów, aby im pochlebić, jednak dary dla Boga przynoszone są z wdzięczności za to, że prowadził ich drogą zbawienia ku wiecznemu życiu. Bóg otrzymuje taki dar z chęcią i nagradza tych, którzy przynoszą dary, aby na wieki mogli pozostać w Nowym Jeruzalem.

W Nowym Jeruzalem nie ma ciemności, ponieważ jest Bóg, który jest światłością. Ponieważ nie ma tam nocy, zła, śmierci ani kradzieży, niekonieczne jest zamykanie bram Nowego Jeruzalem na noc. A jednak jest powód, dla którego Pismo mówi „światło dnia" – jako ludzie mamy ograniczoną wiedzę i możliwość zrozumienia nieba.

Przynosząc chwałę i honory narodów

W takim razie co oznacza wyrażenie: „I wniosą do niego przepych i skarby narodów"? Chodzi o ludzi, którzy otrzymają zbawienie – ludzi z wszystkich nacji, którzy „wniosą do niego przepych i skarby narodów" – ludzi, którzy przybędą do Nowego Jeruzalem ze wszystkim, dzięki czemu oddawali chwałę Bogu, świadcząc na ziemi o Jezusie.

Kiedy dziecko pilnie się uczy i jego oceny są coraz lepsze, będzie się chwalił o tym rodzicom. Rodzice będą zadowoleni i dumni z jego ciężkiej pracy, nawet jeżeli nie będą to najlepsze oceny. Tak samo, w zależności od tego, czy postępujemy z wiarą na ziemi, wydajemy świadectwo o Jezusie i oddajemy chwałę Bogu, On raduje się.

Powyżej wspomniane było, że królowie ziemi „wniosą do niego przepych i skarby narodów." Oznacza to, że ludzie będą przychodzić przed Boga w duchowym porządku.

Ci, którzy mogą zamieszkać w Nowym Jeruzalem na wieki, jako pierwsi staną przed Bogiem. Następnie ci, którzy zostaną zbawieni ze wszystkich narodów. Musimy uświadomić sobie, że jeżeli nie mamy kwalifikacji, aby mieszkać w Nowym Jeruzalem, będziemy mogli odwiedzać miasto jedynie od czasu do czasu.

Ci, którzy nigdy nie wejdą do Nowego Jeruzalem

Bóg miłości pragnie, aby każdy otrzymał zbawienie i nagrodę w postaci mieszkania zgodnie z ich uczynkami. Dlatego ci, którzy nie mają kwalifikacji, aby wejść do Nowego Jeruzalem, wejdą do Trzeciego, Drugiego, Pierwszego Królestwa lub Raju zgodnie z miarą wiary. Bóg wydaje przyjęcie i zaprasza ich do Nowego Jeruzalem, aby również mogli cieszyć się wspaniałością miasta.

Jednakże, są też ludzie, którzy nigdy nie wejdą do Nowego Jeruzalem, pomimo tego, że Bóg pragnie okazać im łaskę. Będą to ludzie, którzy nie przyjmą zbawienia i nigdy nie zobaczą chwały Nowego Jeruzalem.

„A nic nieczystego do niego nie wejdzie ani ten, co popełnia ohydę i kłamstwo, lecz tylko zapisani w księdze życia Baranka" (Apokalipsa 21,27).

„Nieczyste" odnosi się tutaj do osądzania i potępiania innych, oraz narzekania i robienia wszystkiego dla własnej korzyści. Tacy ludzie obierają rolę sędziego i potępiają innych według własnej woli, zamiast okazywać zrozumienie. „Ohyda" odnosi się do uczynków popełnianych ze złego i fałszywego serca. Ponieważ tacy ludzie mają kapryśne i niestałe serca i umysły, są wdzięczni tylko wtedy, kiedy otrzymują odpowiedź na modlitwę, jednak wkrótce potem narzekają i lamentują z powodu prób. Podobnie, ci, których serca są pełne wstydu oszukują swoje sumienie oraz nie wahają się przy zmienianiu swoich umysłów, aby zrealizować swoje własne cele.

Kłamcy to osoby, które oszukują siebie i swoje sumienie, a takie oszustwa są pułapką szatana. Są kłamcy, którzy kłamią nałogowo, oraz tacy, którzy kłamią dla dobra innych, jednak Bóg pragnie, abyśmy odrzucili wszelki rodzaj kłamstwa. Są ludzie, którzy krzywdzą innych, składając fałszywe świadectwo – tacy ludzie, którzy oszukują innych i mają złe zamiary nie mogą być zbawieni. Ponadto, ci, którzy oszukują Ducha Świętego lub Boga będą nazwali „kłamcami." Judasz Iskariot, jeden z dwunastu uczniów Jezusa, kontrolował pieniądze, lecz wciąż oszukiwał w pracy dla Boga, kradnąc i popełniając grzechy. Kiedy szatan w końcu wszedł do jego umysłu, Judasz sprzedał Jezusa za trzydzieści srebrników i został odrzucony na wieki.

Są ludzie, którzy widzą uzdrowienie chorych, wypędzanie demonów dzięki Duchowi Świętemu i mocy Boga, jednak nadal zaprzeczają działaniu Boga i twierdzą, że to dzieło szatana. Tacy ludzie nie mogą wejść do nieba, ponieważ bluźnią i mówią przeciwko Duchowi Świętemu. Ni powinniśmy kłamać w żadnych okolicznościach, ponieważ Bóg widzi wszystko.

Ci, których imiona zostaną usunięte z Księgi Żywota

Jeżeli zostajemy zbawienie, nasze imiona zapisane są w Księdze Żywota Baranka (Ap. 3,5). Jednak nie oznacza to, że każdy kto przyjął Jezusa zostanie zbawiony. Możemy być zbawieni tylko wtedy, jeśli zachowujemy się zgodnie ze Słowem Bożym oraz nasz charakter jest podobny do charakteru Jezusa dzięki obrzezaniu serc. Jeżeli nie postępujemy zgodnie z prawdą po przyjęciu Jezusa, nasze imiona zostaną skreślone z Księgi Żywota i nie otrzymamy zbawienia.

W Apokalipsie 22,14-15 czytamy, że błogosławieni są ci, którzy wyprali swoje szaty, zaś ci, którzy swoich szat nie wyprali nie otrzymają zbawienia:

> *„Błogosławieni, którzy płuczą swe szaty, aby władza nad drzewem życia do nich należała i aby bramami wchodzili do Miasta. Na zewnątrz są psy, guślarze, rozpustnicy, zabójcy, bałwochwalcy i każdy, kto kłamstwo kocha i nim żyje."*

„Psy" odnoszą się tutaj do ludzi, którzy postępują fałszywie. Ci, którzy nie potrafią odwrócić się od zła, nie zostaną zbawieni. Są jak psy, które wracają do swoich wymiocin zaraz po wymyciu się, wracają do tarzania się w błocie. Wydaje się, że odrzucili zło, jednak znów do niego powracają; wydaje się, że stają się lepszymi, jednak wciąż wracają do zła.

Jednakże, Bóg rozpoznaje wiarę tych, którzy pragną czynić dobrze, nawet jeżeli nie potrafią w pełni osiągnąć ideału. Zostaną zbawieni, ponieważ zmieniają się i Bóg doceni ich wysiłki.

„Guślarze" odnoszą się do osób, które praktykują magię. Postępują niewłaściwie i sprawiają, że inni ludzie uwielbiają fałszywych bożków. Jest to bardzo ohydne w oczach Boga.

„Rozpustnicy" popełniają cudzołóstwo, nawet mając męża lub żonę. Istnieje nie tylko cudzołóstwo fizyczne, ale również duchowe, które oznacza, że kochamy coś/kogoś innego bardziej niż Boga. Jeżeli osoba, która doświadcza żyjącego Boga oraz jest świadoma Jego miłości, nadal wybiera rzeczy tego świata, takiej jak pieniądze lub rodzinę ponad Boga, taka osoba popełnia cudzołóstwo duchowe, które bardzo nie podoba się Bogu.

„Mordercy" popełniają fizyczne lub duchowe morderstwa. Jeżeli znasz duchowe znaczenie „morderstwa", trudno będzie ci odważnie powiedzieć, że nikogo nie zabiłeś. Morderstwo duchowe to powodowanie, że inni grzeszą i tracą życie duchowe (Mat. 18,7). Jeżeli sprawiasz innym ból czymkolwiek, co nie jest zgodne z prawdą, to również jest duchowe morderstwo (Mat. 5,21-22).

Duchowym morderstwem jest również nienawiść, zazdrość, osądzanie, potępianie, kłótnie, gniew, kłamstwa, oszustwa, powodowanie niezgody, pomówienia oraz życie bez miłości i łaski (Gal. 5,19-21). Czasami jednakże są ludzie, którzy tracą grunt pod stopami poprzez swoje własne grzechy. Na przykład, jeżeli opuszczają Boga ponieważ rozczarowali się kimś w kościele, jest to ich własne zło. Jeżeli prawdziwie wierzyli w Boga, nigdy nie straciliby grunty pod stopami.

„Bałwochwalstwo" to jedna z rzeczy, których Bóg nienawidzi najbardziej. Mamy fizyczne i duchowe bałwochwalstwo. Fizyczne bałwochwalstwo to czynienie podobizny Boga i oddawanie czci (Iż. 46,6-7). Duchowe bałwochwalstwo to wszystko, co kochasz bardziej niż Boga. Jeżeli ktoś kocha swojego współmałżonka lub dziecko bardziej niż Boga i łamie Boże przykazania, kochając pieniądze, sławę lub wiedzę bardziej niż Boga, popełnia grzech duchowego bałwochwalstwa.

Tacy ludzie, bez względu na to, ile będą wołać „Panie, Panie" i uczęszczać do kościoła, nie mogą być zbawienie ani wejść do nieba, ponieważ nie kochają Boga.

Dlatego, jeżeli przyjąłeś Jezusa, otrzymałeś Ducha Świętego jako Boży dar, a twoje imię zostało wpisane do Księgi Żywota Baranka, pamiętaj, że możesz wejść do Bożego królestwa i Nowego Jeruzalem tylko jeżeli będziesz postępował zgodnie ze słowem Bożym.

Nowe Jeruzalem jest miejscem, gdzie znajdą się jedynie w pełni uświęceni oraz wierni domowi Bożemu ludzie.

Z jednej strony, ci, którzy wejdą do Nowego Jeruzalem mogą spotkać Boga twarzą w twarz, spacerować z Panem, cieszyć się niewyobrażalnymi przywilejami i chwałą. Z drugiej strony, ci, którzy znajdą się w Raju, Pierwszym, Drugim lub Trzecim Królestwie Niebieskim mogą odwiedzać Nowe Jeruzalem tylko wtedy, kiedy otrzymają zaproszenie na specjalne przyjęcia organizowane przez Boga Ojca.

Rozdział 8

„I widziałem miasto święte, Nowe Jeruzalem"

1. Niebiańskie domy w niewyobrażalnych rozmiarach
2. Wspaniały zamek, którego mieszkaniec ma pełną prywatność
3. Zwiedzanie miejsc w niebie

*„Błogosławieni jesteście, gdy /ludzie/
wam urągają i prześladują was, i gdy z
mego powodu mówią kłamliwie wszystko
złe na was. Cieszcie się i radujcie,
albowiem wasza nagroda wielka jest
w niebie. Tak bowiem prześladowali
proroków, którzy byli przed wami."*

- Mateusz 5,11-12 -

W Nowym Jeruzalem, budowane są niebiańskie domy, aby ludzie, których charaktery podobne są do charakteru Boga, mogli w nich zamieszkać. Zgodnie z gustem każdego właściciela, domy budowane są przez aniołów i archaniołów, którymi kieruje Pan. Jest to przywilej, którym będą cieszyć się jedynie ci, którzy wejdą do Nowego Jeruzalem. Czasami, sam Bóg daje wskazówki do budowy domu dla poszczególnych osób tak, aby mogły być wybudowane dokładnie w zgodzie z gustem właściciela. Bóg nie zapomina o ani jednej kropli krwi przelanej przez swoje dzieci dla Jego królestwa oraz nagradza ich pięknymi i cennymi kamieniami.

Jak czytamy w Mateuszu 11,12, Bóg jasno mówi nam, że w zależności od zwycięstwa, jakie odniesiemy w duchowej walce oraz dojrzałości wiary, posiądziemy w niebie mieszkanie:

> *„A od czasu Jana Chrzciciela aż dotąd królestwo niebieskie doznaje gwałtu i ludzie gwałtowni zdobywają je."*

Bóg miłości przez wiele lat prowadził nas, abyśmy weszli do nieba. Pokazuje nam niebiańskie domy Nowego Jeruzalem, które jest bardzo blisko Pana, który poszedł przygotować nam miejsce i powróci znów.

1. Niebiańskie domy w niewyobrażalnych rozmiarach

W Nowym Jeruzalem jest wiele pięknych domów w niewyobrażalnych rozmiarach. Wśród nich jest jeden piękny i wspaniały dom zbudowany na bardzo dużym obszarze. Pośrodku znajduje się okrągły, wielki i piękny trzypiętrowy zamek, a wokół zamku jest wiele budynków; rzeczy, którymi można się cieszyć oraz zjeżdżalni i kolejek takich jak w parkach rozrywki, aby sprawić, że miejsce to będzie wyglądało jaka znana na całym świecie atrakcja turystyczna. O jest zaskakujące to fakt, iż dom sprawiający wrażenie jakby był miastem należy do jednej osoby, która żyła na ziemi.

Błogosławieni cisi, albowiem oni odziedziczą ziemię

Jeżeli mielibyśmy zdolność finansową na tej ziemi, kupilibyśmy duży kawałek ziemi i zbudowali piękny dom dostosowany do naszych gustów i potrzeb. Jednak w niebie nie będzie w stanie kupić ziemi ani wybudować domu bez względu na to, jak bogaci jesteśmy, ponieważ to Bóg nagradza nas zgodnie z naszymi uczynkami.

W Mateuszu 5,5 czytamy: *„Błogosławieni cisi, albowiem oni odziedziczą ziemię."* W zależności od tego, jak podobny jest nasz charakter do charakteru Boga oraz w jakim stopniu osiągniemy duchową łagodność na tej ziemi, możemy odziedziczyć ziemię w niebie. Człowiek łagodny duchowo otacza opieką innych ludzi, a oni przychodzą do niego, aby znaleźć ukojenie i odpoczynek. Będzie miał pokojowe relacje ze wszystkimi w każdej sytuacji, ponieważ jego serce jest miękkie i łagodne jak poduszka.

Jednak, jeżeli idziemy na kompromis ze światem oraz sprzeciwiamy się prawdzie, aby mieć pokój z innymi ludźmi, to nie jest duchowa łagodność. Osoba prawdziwie łagodna jest w stanie przyciągnąć do siebie wielu ludzi, dzięki swojemu miękkiemu i ciepłemu sercu, lecz także będzie odważna i silna, aby zaryzykować swoje życie dla prawdy.

Taka osoba może zdobyć ludzkie serca i poprowadzić ich drogą zbawienia do lepszego miejsca w niebie, ponieważ ma miłość i łagodność. Dlatego może być właścicielem wielkiego domu w niebie. Dlatego dom opisany poniżej należeć będzie do osoby o prawdziwie łagodnym sercu.

Dom jak miasto

Pośrodku domu znajduje się wielki zamek ozdobiony drogimi kamieniami i złotem. Jego dach wykonany jest z okrągłego rubinu i świeci bardzo jasno. Wokół lśniącego zamku płynie Rzeka Wody Życia, która wypływa spod tronu Boga, oraz znajduje się tam wiele budynków, które sprawiają, że dom wygląda jak metropolia. Są tam również kolejki z parków rozrywki ozdobione złotem i kamieniami.

Z jednej strony ziemi są lasy, łąki oraz wielkie jezioro, a z drugiej strony są wzgórza ozdobione kwiatami i wodospadami. Jest tam również morze, po którym dryfuje wielki statek, jak Titanic.

A teraz zróbmy sobie wycieczkę po tym niezwykłym domu. Po jego czterech stronach znajduje się dwanaście bram. Wejdźmy przez główną bramę, z której rozpościera się widom na zamek główny w samym środku.

Główna brama ozdobiona jest wieloma drogimi kamieniami i chroniona przez dwóch aniołów. Wyglądają bardzo męsko i silnie. Stoją bez mrugnięcia okiem, a ich godność sprawia, że wydają się bardzo nieprzystępni.

Po obu stronach bramy stoją okrągłe i piękne olbrzymie filary. Mury udekorowane są wieloma drogimi kamieniami oraz kwiatami. Wchodząc przez automatycznie otwieraną bramę, widzisz w oddali wielkie zamek z czerwonym dachem, który lśni pięknym światłem.

Ponadto, patrząc na domy w różnych rozmiarach ozdobione drogimi kamieniami, odczuwasz głębokie poruszenie z powodu miłości Bożej, która nagradza cię trzydziesto, sześćdziesięciu lub stukrotnie za to, co uczyniłeś i ofiarowałeś. Będziesz wdzięczny Bogu za ofiarowanie swojego jedynego Syna, aby poprowadził cię drogą zbawienia ku życiu wiecznemu. A przede wszystkim, On przygotował dla ciebie piękny niebiański dom, więc twoje serce przepełni wdzięczność i radość.

Ponadto, ponieważ wokół zamku można usłyszeć delikatny, czysty i piękny dźwięk muzyki pochwalnej, twoją duszę ogarnie niezwykły spokój i szczęście. Będziesz pełen emocji:

> Dziś wieczorem daleko w głębi mojej duszy
> Rozbrzmiewa melodia słodsza niż psalm
> Jej dźwięki nieustannie opadają
> Uspokajając moją duszę.
> Pokój! Pokój! Wspaniały pokój
> Który spływa na nas od Ojca

Błagam, obejmij mą duszę na wieki
Niezgłębionymi falami miłości.

Złote drogi czyste niczym kryształ

Zajrzyjmy teraz do wielkiego zamku pośrodku, spacerując wzdłuż złotych dróg. Wchodząc głównym wejściem, odwiedzający po obu stronach drogi zobaczą drzewa złota i drogich kamieni z apetycznymi owocami. Poczęstują się owocami, które będą rozpływać się w ich ustach. Ich niesamowicie pyszny smak doda energii i radości każdemu, kto zje.

Po każdej stroni złotych dróg, różnobarwne kwiaty witają swym zapachem przybyłych. Za nimi znajdują się złote murawy i wiele rodzajów drzew, które uzupełniają piękny ogród. Kwiaty w pięknych kolorach tęczy wyglądają jakby jaśniały światłem, a każdy z nich ma niezwykły i wyjątkowy zapach. Na niektórych kwiatach siedzą motyle w kolorach tęczy. Na drzewach wśród lśniących liści i gałęzi wiszą smakowite owoce. Różne rodzaje ptaków o złotych piórach siedzi na drzewach i śpiewa, czyniąc cały widok spokojnym i szczęśliwym. Są tam również zwierzęta wędrujące po ogrodzie w spokoju.

Pojazd z chmur i złoty wagon

W tej chwili stoisz przy drugiej bramie. Dom jest tak duży, że jest tam druga brama oprócz bramy głównej. Przed oczami rozpościera się szeroki teren, który przypomina garaż, na którym zaparkowane są pojazdy z chmur oraz złoty wagon.

Złoty wagon, ozdobiony wielkimi diamentami oraz drogimi

kamieniami jest przeznaczony dla właściciela domu i ma jedno miejsce. Kiedy wagon porusza się, lśni niczym gwiazda, ponieważ jest na nim tyle błyszczących kamieni. Wagon jest o wiele szybszy niż pojazdy z chmur.

Pojazd z chmur jest otoczony białymi chmurkami oraz piękny wielobarwnym światłem, ma cztery koła i skrzydła. Pojazd na kołach jeździ po ziemi, natomiast aby latać automatycznie wysuwa skrzydła i rozpościera je szeroko.

Jakże wielki przywilej to będzie, aby podróżować do wielu miejsc w niebie wraz z Panem na pojeździe z chmur, eskortowanym przez aniołów? Jeżeli każdy kto wchodzi do Nowego Jeruzalem otrzymuje swój pojazd z chmur, czy potrafisz sobie wyobrazić, jak niezwykle szczęśliwy musi być właściciel tego domy, w którym jest wiele pojazdów z chmur?

Wielki zamek pośrodku

Kiedy przyjedziesz do wielkiego i pięknego zamku na swoim pojeździe z chmur, zobaczysz trzypiętrowy budynek, którego dach zrobiony jest z rubinu. Budynek jest tak wielki, że nie można go porównać z żadnym budynkiem na ziemi. Wydaje się, że całe zamek powoli wynurza się i lśni wspaniałymi światłami. Wydaje się, że zamek wygląda jak żywy. Czyste złoto i jaspis lśnią złotym światłem. Nie można jednak zajrzeć do środka, a cała budowla wygląda jak rzeźba. Mury oraz kwiaty wokół murów pachną cudownym zapachem i tworzą wspaniałą całość.

Jaki jest powód tego, że Bóg przygotował tak wielkie kawałek ziemi i olbrzymi piękny budynek? Ponieważ Bóg nigdy nie zapomina o niczym, czego dokonały Jego dzieci dla królestwa i sprawiedliwości na ziemi, dlatego nagradza ich sowicie.

Wciąż raduję się
Moimi ukochanymi.
Ten człowiek ukochał mnie tak bardzo
Że porzucił dla mnie wszystko.
Ukochał mnie bardziej niż
Swoich rodziców i braci,
A nawet swoje dzieci,
Uważał swoje życie za marność
I porzucił dla mnie wszystko.

Jego wzrok zawsze spoczywał na mnie.
Zawsze uważnie słuchał mojego słowa.
Pragnął jedynie oddać mi chwałę.
Był wdzięczny
Nawet w cierpieniu.
Nawet podczas prześladowań
Z miłością modlił się do mnie
Za tymi, którzy go prześladowali.
Nigdy nie porzucił nikogo
Nawet kiedy go zdradzili.
Wypełniał swe obowiązki z radością
Nawet gdy przeżywał smutek.
Ocalił wielu ludzi
I w pełni wypełniał mą wolę
Odzwierciedlając mój charakter.

Ponieważ wypełniał moją wolę
I ukochał mnie z całego serca
Przygotowałem dla niego
Ten wielki i wspaniały dom
W Nowym Jeruzalem.

2. Wspaniały zamek, którego mieszkaniec ma pełną prywatność

Jak widzisz niektóre domy są przygotowane specjalnie przez Boga dla tych, którzy ukochali Go najmocniej. Ich piękno i światło chwały mają inne poziomy piękna niż pozostałe domy w Nowym Jeruzalem.

Wielkie zamek pośrodku jest miejsce, gdzie właściciel może cieszyć się pełną prywatnością. Jest to nagroda za to, że działał i modlił się ze łzami, wypełniając wolę Bożą oraz za to, że troszczył się o innych w dzień i w nocy bez względu na prywatne życie.

Ogólną strukturę zamku stanowi główny budynek pośrodku. Zamek ma dwie warstwy murów. W środkowej części znajduje się dodatkowy mur – pomiędzy głównym budynkiem a murem zewnętrznym. Cały zamek podzielony jest na zamek wewnętrzny i zewnętrzny – od głównego budynku do środkowego mury, oraz od środkowego muru do mury zewnętrznego.

Dlatego, aby dotrzeć do głównego budynku zamkowego, musimy minąć główną bramę oraz kolejną bramę muru środkowego. W zewnętrznym murze jest wiele bram, a główna brama to tak, która znajduje się naprzeciwko frontu głównego budynku. Główna brama jest ozdobiona wieloma drogimi kamieniami oraz chroniona przez dwóch aniołów. Dwóch aniołów ma męskie twarze i wyglądają na bardzo silnych. Kiedy stoją na straży nawet nie poruszają oczami, a każdy przechodzący odczuwa niezwykłą godność, która od nich bije.

Po obu stronach bramy stoją wielkie okrągłe filary. Mury udekorowane są drogimi kamieniami oraz kwiatami. Są tak wysokie, że nie widać ich końca. Główna brama otwiera się automatycznie i lśni wspaniałym i pięknym światłem. Jest tam droga złota i czysta niczym kryształ, która prowadzi do głównej bramy.

Idąc po złotej drodze, dochodzimy do drugiej bramy. Druga brama znajduje się pośrodku muru, który oddziela zamek wewnętrzny od zewnętrznego. Kiedy przechodzimy przez drugą bramę, widzimy miejsce, które wygląda niczym olbrzymi parking. Jest tam zaparkowanych wiele pojazdów z chmur, a wśród nich znajduje się również złota dorożka.

Główny budynek zamku jest olbrzymi – dużo większy niż jakiekolwiek budynki na ziemi. Każde piętro budynku ma kształt cylindryczny, a podłoga na każdym kolejnym piętrze jest coraz mniejsze. Dach wygląda jak kopuła w kształcie cebuli.

Mury głównego budynki są wykonane z czystego złota i jaspisu. Niebieskawy i złotawy blask dają niezwykłe światło. Światło jest tak silne, iż budynek wydaje się żywy. Cały budynek lśni wspaniałym światłem i wygląda jakby się obracał.

Wejdźmy teraz do środka zamku.

Dwanaście bram, aby wejść do głównego budynku zamkowego

Główny budynek ma dwanaście bram. Ponieważ jego rozmiar jest tak ogromny, odległości między bramami są dość duże. Bramy mają kształt łuków i na każdej z nich wygrawerowano obraz klucza. Poniżej obrazu znajduje się nazwa bramy w alfabecie niebiańskim. Litery są wykonane z drogich kamienia i każda brama jest udekorowana takimi samymi drogimi kamieniami.

Poniżej znajdują się wyjaśnienie, dlaczego poszczególna brama została nazwana w taki sposób. Bóg Ojciec wziął pod uwagę to, co uczynił właściciel domu na ziemi i wyraził to na dwunastu bramach.

Pierwsza brama jest „Bramą Zbawienia." Wyjaśnienie zawiera informacje, w jaki sposób właściciel domu stał się pasterzem wielu osób i przyprowadził wiele dusz do zbawienia na całym świecie. Następna jest „Brama Nowego Jeruzalem", na której znajduje się objaśnienie tego, ilu ludzi właściciel domu przyprowadził do Nowego Jeruzalem.

Następna jest „Brama Mocy." Po pierwsze, są cztery bramy mocy symbolizujące cztery poziomy mocy, a także „Brama Mocy Stworzenia" oraz „Brama Największej Mocy Stworzenia." Na bramach znajdują się wyjaśnienia na temat każdego rodzaju mocy, które uzdrowiły tak wielu ludzi i przyniosły chwałę Bogu.

Dziewiąta jest „Brama Objawienia." Ta brama zawiera

objaśnienie dotyczące tego, że właściciel domu otrzymał objawienie oraz wyjaśniał Biblię bardzo jasno innych ludziom. Dziesiąta brama to „Brama Osiągnięć" na pamiątkę takich osiągnięć, jak budowa Wielkiego Sanktuarium.

Jedenasta brama to „Brama Modlitwy." Ta brama zawiera informację o tym, że właściciel modlił się przez całe życie, aby wypełnić wolę Bożą oraz mieć miłość Bożą, jak również o tym, jak modlił się o inne dusze.

Ostatnia dwunasta brama to brama z napisem „Zwycięstwo na wrogiem szatanem." Opisuje, jak właściciel domu pokonywał wszystkie przeciwności z wiarą i miłością zawsze, kiedy szatan próbował go skrzywdzić i doprowadzić do rozpaczy.

Szczególne napisy oraz projekty na murach

Mury wykonane z czystego złota i jaspisu są pełne obrazów i napisów. Każdy szczegół dotyczący prześladowań oraz kpin, jakim właściciel stawił czoła dla królestwa Bożego oraz wszystkie uczynki, którymi uwielbił Pana zostały tam zapisane. Niesamowite jest, że sam Bóg napisał wiersze i listy, które dają piękne i wspaniałe światło.

Kiedy wchodzisz do zamku, mijając drugą bramę, zobaczysz rzeczy, które są o wiele piękniejsze niż te na zewnątrz. Światło drogich kamieni sprawia, że wszystko wygląda niezwykle pięknie.

Napisy na temat łez, wysiłków oraz starań właściciela na ziemi znajdują się na wewnętrznych murach i również lśnią wspaniałym światłem. Czas gorliwych modlitw za królestwem

Bożym oraz czysty zapach poświęcenia dla dusz są zapisane w formie wiersza i lśnią światłem.

Jednak Bóg Ojciec ukrył większość szczegółów, aby sam móc pokazać właścicielowi, kiedy przybędzie do swojego domu. Bóg pragnie ujrzeć człowieka, który z całego serca oddaje Mu chwałę, ujrzeć jego emocje oraz łzy, kiedy pokaże mu napisy, mówiąc: „To miejsce przygotowałem dla ciebie."

Nawet na tym świecie, kiedy kogoś kochamy, niektórzy ludzie ciągle piszą imiona tych osób. Piszą ich imiona w notatnikach lub w pamiętnikach, na plaży, na drzewach lub na kamieniach. Nie wiedzą, jak wyrazić swoją miłość, więc ciągle piszą imię ukochanej osoby.

Podobnie, na budynku znajduje się kwadratowa złota tabliczka z wypisanymi trzema słowami: „Ojciec", „Pan" i „Ja." „Ojciec, Pan i ja." Właściciel nie jest w stanie wyrazić swojej miłości do Boga słowami. Tabliczka pokazuje, co on czuje.

Spotkania i przyjęcia na pierwszym piętrze

Zamek nie jest otwarty dla innych ludzi, jednak czasami otwiera się na szczególne przyjęcia i bale. Jest tam wielka sala, w której może zgromadzić się niezliczona liczba osób. Jest ona również używana jako miejsce spotkań, w którym właściciel dzieli się miłością i radością, rozmawiając ze swoimi gośćmi.

Sala jest wielka i okrągła – nie widać jej końca, kiedy stoi się na początku. Podłoga jest bardzo gładka i w białawym kolorze. Jest wykonana z drogich kamieni i pięknie lśni. Pośrodku Sali wisi trzypoziomowy żyrandol, aby dodać sali elegancji. Na każdej ze ścian jest więcej różnych lamp, która stanowią piękną dekorację. Pośrodku Sali jest również okrągła scena, wokół której poukładanych jest wiele stołów. Zaproszeni goście siadają przy stołach, aby móc wygodnie porozmawiać.

Wszystkie dekoracje wewnątrz budynku są wykonane zgodnie z gustem właściciela, światła i kształty są piękne i delikatne. Każdy drogi kamień został dotknięty przez Boga. Każdy zaproszony gość czuje się uprzywilejowany, kiedy otrzymuje zaproszenie na przyjęcie od właściciela domu.

Tajemnicze pomieszczenia na drugim piętrze

Na drugim piętrze zamku jest wiele pomieszczeń i każde pomieszczenie ma swoją tajemnicę, która zostanie w pełni odsłonięta dopiero w niebie – nagroda, którą Bóg przygotował dla właściciela zgodnie z jego uczynkami. W jednym pomieszczeniu znajduje się niezliczona liczba koron różnego rodzaju jakby w muzeum. Wiele koron, łącznie ze złotymi koronami, koronami zdobionymi złotem, kryształowymi koronami, perłowymi koronami, koronami ozdobionymi kwiatami udekorowanych jest pięknie ułożonymi drogimi kamieniami. Korony są nagrodą za osiągnięcia dla Bożego królestwa oraz chwałę oddaną Bogu przez właściciela na ziemi. Ich kolory i kształty oraz materiały i zdobienia są różne, aby pokazać różnicę w honorach. Ponadto, jest tam również wielkie pomieszczenie, które służy jako garderoba na ubrania oraz ochrona ozdób z drogich kamieni. O wszystko troszczą się aniołowie.

Jest tam również uporządkowany kwadratowy pokój z

wieloma dekoracjami zwany „Pokojem modlitwy", ponieważ właściciel spędził dużo czasu na modlitwie. Ponadto, jest pomieszczenie telewizyjne, gdzie właściciel może oglądać sceny ze swojego ziemskiego życia – „Pokój udręki i narzekania." Bóg zachował każdą chwilę oraz wydarzenie z życia właściciela, ponieważ wielce wycierpiał, wykonując pracę dla Boga oraz służbę zbawienia dusz.

Na drugim piętrze jest także pięknie ozdobione miejsce, gdzie można przyjmować proroków, gdzie właściciel może dzielić się miłością i radością, rozmawiając z nimi. Może spotkać się z prorokami takimi jak Eliasz, który został porwany do nieba na płonącym rydwanie, Enoch, który chodził z Bogiem przez 300 lat, Abraham, który radował Boga swoją wiarą, Mojżesz, który był najskromniejszym człowiekiem na ziemi, apostoł Paweł i wielu innych; rozmawiać z nimi o ich życiu i okolicznościach, którym stawiali czoła na ziemi.

Trzecie piętro zarezerwowane, aby dzielić swoją miłość z Panem

Trzecie piętro wielkiego zamku jest pięknie ozdobione na przyjęcie Pana i rozmowy z Nim. Właściciel ma taką możliwość, ponieważ ukochał Pana bardziej niż ktokolwiek inny i naśladował Go, czytając cztery ewangelie, służąc i kochając ludzi w taki sposób, jak Jezus służył swoim uczniom. Ponadto, modlił się ze łzami, aby poprowadzić wielu drogą zbawienia, aby ludzie przyjęli moc Bożą tak, jak Jezus i zauważali niezwykłe działanie Boga na ziemi. Łzy wylewane, kiedy właściciel domu myślał o Bogu, oraz nieprzespane noce z powodu tęsknoty za Panem.

Podobnie jak Pan modlił się w nocy bardzo często i próbował osiągnąć Boże królestwo z całego serca.

Jakże radosny i szczęśliwy będzie to człowiek, kiedy spotka swojego Pana twarzą w twarz i będzie dzielił z Nim swoją miłość na wieki w Nowym Jeruzalem!

Mogę ujrzeć mego Pana!
Mogę otrzymać Jego światłość
Mogę zobaczyć Jego delikatny uśmiech,
A wszystko to jest dla mnie tak niezwykłą radością.

Mój Panie,
Jakże ja ciebie kocham!
Widziałeś wszystko
I wszystko wiesz.
Raduję się
Ponieważ mogę wyznać moją miłość.
Kocham cię, Panie.
Tak bardzo za Tobą tęskniłem.

Rozmowy z Bogiem nigdy mu się nie znudzą ani się nimi nie zmęczy.

Bóg Ojciec, który otrzymuje tę miłość, pięknie udekorował wnętrze ozdobami i drogimi kamieniami na trzecim piętrze tego wspaniałego budynku.

Nie da się opisać piękna i splendoru tego miejsca. Poziom światłą jest bardzo szczególny. Kiedy spojrzysz na swój dom w niebie, możesz poczuć sprawiedliwość i delikatną miłość Boga, który nagradza cię zgodnie z twoimi uczynkami.

3. Zwiedzanie miejsc w niebie

Co jeszcze znajduję się w obrębie wielkiego zamku? Jeżeli chciałbym opisać wszystko ze szczegółami, byłoby tego więcej niż do napisania jednej książki. Wokół zamku znajduje się duży ogród oraz różne budynki, które są pięknie udekorowane i rozstawione w harmonii. Basen, park rozrywki, chatki oraz opera sprawiają, że zamek wygląda jak atrakcja turystyczna.

Bóg nagradza wszystkich zgodnie z uczynkami

Powodem, dla którego właściciel może mieć taki dom z tyloma udogodnieniami jest to, że poświęcił swoje życie, ciało, umysł, czas i pieniądze dla Boga. Bóg wynagrodzi wszystko, co uczynił dla królestwa Bożego, łącznie z tym, że przyprowadził wielu ludzi drogą zbawienia oraz zbudował Boży kościół. Bóg może nam dać więcej niż to, o co prosimy – On daje nam również to, czego pragniemy głęboko w sercu. Bóg jest lepszym i doskonalszym architektem niż ktokolwiek inny – jest w stanie połączyć różnorodność z jednością.

Na ziemi możemy mieć cokolwiek zechcemy, w większości przypadków, jeżeli mamy wystarczająco pieniędzy. W niebie, jednakże, będzie zupełnie inaczej. Dom, w którym będziemy mieszkać, w którym będą nasze ubrania, biżuteria i korony, czy aniołowie, którzy będą nam służyć, nie może zostać kupiony ani wynajęty – otrzymamy go zgodnie z miarą wiary oraz wierności królestwu Bożemu.

W Liście do Hebrajczyków 8,5 czytamy: *„Usługują oni obrazowi i cieniowi rzeczywistości niebieskich. Gdy bowiem*

Mojżesz miał zbudować przybytek, to w ten sposób został pouczony przez Boga. Patrz zaś – mówi – abyś uczynił wszystko według wzoru, jaki ci został ukazany na górze." Ten świat jest zaledwie cieniem nieba. Większość zwierząt, roślin oraz reszta przyrody będzie również w niebie, jednak będą o wiele piękniejsze niż te na ziemi.

Zajrzyjmy do ogrodów pełnych kwiatów i roślin.

Miejsca uwielbienia oraz Wielkie Sanktuarium

Poniżej zamku pośrodku, znajduje się wielki wewnętrzny dziedziniec, na którym rośnie wiele kwiatów oraz drzew, które razem tworzą niezwykłą scenerię. Po obu stronach zamku znajdują się wielkie miejsca przeznaczone na nabożeństwa uwielbieniowe. Ten niebiański dom, który jest niewyobrażalnie wielki, jest jak znana atrakcja turystyczna – wyposażony w wiele udogodnień, a ponieważ dużo czasu zajmuje rozejrzenie się po domu, są tam również miejsca uwielbienia, aby mogli odpocząć.

Uwielbienie w niebie będzie zupełnie inne niż na ziemi. Nie jesteś związany formalnością, ale możesz oddawać chwałę Bogu nowymi pieśniami. Jeżeli śpiewasz o chwale Ojca oraz miłości Pana, poczujesz odświeżenie pełni Ducha Świętego. Odczujesz głębokie emocje w swoim sercu i będziesz pełny wdzięczności i radości.

W zamku znajduje się również sanktuarium w takim samym kształcie, jak jedno z sanktuariów, które są na ziemi. Kiedy właściciel zamku przebywał na ziemi, otrzymał od Boga Ojca zadanie zbudowania wielkiego sanktuarium. I takie samo sanktuarium zostało zbudowane również w Nowym Jeruzalem.

Tak jak Dawid w Starym Testamencie, właściciel zamku również tęsknił za świątynią Boga. Na świecie jest wiele budynków, jednak nie ma ani jednego, który rzeczywiście pokazywałby godność i chwałę Boga. Z tego powodu właścicielowi zamku było bardzo przykro.

Bardzo gorąco pragnął zbudować sanktuarium, które byłoby przeznaczone jedynie dla Boga Stworzyciela. Bóg Ojciec przyjął pragnienie jego serca i wyjaśnił mu szczegółowo kształt, rozmiar, ozdoby oraz strukturę wewnętrzną sanktuarium. Dla człowieka było to prawie niemożliwe, jednak postępował z wiarą, nadzieją i miłością. Tak powstało Wielkie Sanktuarium.

Wielkie Sanktuarium nie jest po prostu wielkim i wspaniałym budynkiem. Jest kryształem łez i energii wierzących, którzy prawdziwie ukochali Boga. Aby zbudować sanktuarium, należało użyć skarbów tego świata. Serca królów narodów musiały być poruszone. Tego, czego potrzeba było najbardziej to potężne działanie mocy Bożej, które przechodzi ludzkie wyobrażenie.

Właściciel zamku wygrał trudne duchowe walki, aby otrzymać taką moc. Wierzył w Boga, który niemożliwe czyni możliwym dzięki dobroci, miłości i posłuszeństwu. Modlił się bez ustanku i w rezultacie udało się wybudować Wielkie Sanktuarium, które Bóg przyjął z wielką radością.

Bóg Ojciec wiedząc o wszystkim, zbudował Wielkie Sanktuarium w zamku tego człowieka. Oczywiście, Wielkie Sanktuarium w niebie jest zbudowane ze złota i drogich kamieni, które są o wiele piękniejsze niż materiały użyte na ziemi, jednak kształt budynków jest jednakowy.

"I widziałem miasto święte, Nowe Jeruzalem"

Sala przeznaczona do występów jak Opera w Sydney

W zamku znajduje się sala podobna do Opery w Sydney w Australii. Jest szczególny powód, dla którego Bóg wyposażył zamek w taka salę. Kiedy właściciel zamku był na ziemi, organizował występy zespołów na chwałę Boga. Uwielbiał Boga Ojca przez piękne i wspaniałe chrześcijańskie występy.

Nie chodziło jedynie o wygląd, umiejętności czy techniki. Nauczył występujących w sposób duchowy, aby mogli prawdziwie uwielbiać Boga w miłości z głębi ich serc. Motywował różnych artystów, aby uwielbiali Boga w sposób, który Mu się spodoba. Dlatego Bóg Ojciec zbudował piękną salę do występów, aby artyści mogli pokazać swoje umiejętności w zamku.

Przed budynkiem znajduje się wielkie jezioro tak, że wydaje się jakby budynek unosił się na wodzie. Kiedy fontanny wyrzucają wodę z jeziora w górę, krople wody spadając w dół, wyglądają niczym drogie kamienie. Sala występów ma wspaniałą scenę ozdobioną wieloma rodzajami drogich kamieni oraz miejsca siedzące dla widowni. Aniołowie będą występować w swoich najpiękniejszych kostiumach.

Aniołowie będą tańczyć w lśniących sukniach i unosić się jakby na skrzydłach ważki. Ich ruchy są nieskazitelne i piękne. Aniołowie będą również śpiewać i grać na instrumentach. Będą grać piękne i słodkie melodie z wyszukanymi zdolnościami i technikami.

Jednak pomimo tego, że zdolności aniołów są tak niezwykłe, zapach uwielbienia oraz taniec dzieci Bożych będzie zupełnie inny. Boże dzieci odczuwają wielką miłość i wdzięczność w swoich sercach. Z serca, które zostało pięknie ukształtowane popłynie aromat, który poruszy Boga Ojca.

Dzieci Boże, które są zobowiązane uwielbiać Boga na ziemi będą miały wiele możliwości, aby uwielbić Boga w niebie. Jeżeli lider grupy uwielbieniowej dostanie się do Nowego Jeruzalem, będzie występować w salach jak w Operze w Sydney. Występy będą czasami nadawane do innych miejsc w niebie. Dlatego, będzie to niezwykłym przywilejem dla każdego, aby choć raz stanąć na scenie w Nowym Jeruzalem.

Most z chmur w kolorach tęczy

Rzeka Wody Życia lśniąca srebrzystym światłem płynie przez cały zamek, otaczając go. Wypływa spod tronu Boga i przepływa wokół zamku Pana i Ducha Świętego, wokół Nowego Jeruzalem, Trzeciego, Drugiego i Pierwszego Królestwa, Raju oraz wraca do tronu Bożego.

Ludzie mówią do różnobarwnych ryb, siedząc na złotych i srebrnych piaskach po obu stronach Rzeki Wody Życia. Po obu stronach ustawione są ławki, a wokół nich rosną drzewa życia. Siedząc na ławkach i spoglądając na smakowite owoce, zawsze kiedy tylko pomyślisz, że owoce wyglądają tak smacznie, aniołowie przyniosą ci owoce w koszyku z kwiatów.

Nad Rzeką Wody Życia są piękne mosty z chmur w kształcie łuków. Spacerując po mostach w kolorach tęczy oraz patrząc na Rzekę, która przepływa pod tobą, czujesz się tak wspaniale, jakbyś latał lub chodził po wodzie.

Kiedy przechodzisz przez Rzekę Wody Życia, po drugiej stronie znajduje się zewnętrzny dziedziniec, na którym rosną różne kwiaty oraz złoty trawnik. Masz zupełnie odczucie przebywając tutaj niż kiedy przebywasz na dziedzińcu wewnętrznym.

Park rozrywki oraz droga z kwiatów

Przechodząc przez most z chmur, widzimy park rozrywki, w którym są różne rodzaje kolejek, jakich nigdy wcześniej nie widziałeś, nie słyszałeś, ani sobie nie wyobrażałeś. Nawet najlepszych parków rozrywki na tym świecie, takich jak Disneyland nie można porównać z parkiem rozrywki w Nowym Jeruzalem. Kolejki wykonane z kryształu jeżdżą po całym parku, zjazdy łodzią piracką wykonaną ze złota i drogich kamieni, karuzele kręcące się w radosnym rytmie i wielkie roller-coastery przykuwają uwagę odwiedzających. Kiedy pojazdy i kolejki poruszają się, lśnią pięknym wielobarwnym światłem, a ty przebywając tam, jesteś urzeczony czarem świętowania.

Po jednej stronie zewnętrznego dziedzińca ciągnie się droga z kwiatów cała pokryta kwiatami, po których możesz chodzić. Ciało niebiańskie jest tak lekkie, że nie odczuwasz swojej wagi, a kwiaty nie są zgniecione, kiedy po nich chodzisz. Kiedy spacerujesz po szerokiej drodze z kwiatów, wąchając ich przecudny zapach, kwiaty zamykają się jakby były nieśmiałe, aby następnie falowo otworzyć się. Jest to szczególne powitanie. W bajkach, kwiaty mają twarze i mogą rozmawiać – tak samo będzie w niebie.

Będzie dogłębnie wzruszony, chodząc po kwiatach i ciesząc się ich zapachem, kwiaty będą szczęśliwe i wdzięczne, że po nich chodzisz. Kiedy delikatnie po nich stąpasz, będą pachnieć jeszcze intensywniej. Każdy kwiat ma inny zapach, a zapachy mieszają się za każdym razem, abyś mógł mieć nowe doznania za każdym razem, kiedy spacerujesz. Droga z kwiatów rozciąga się w różnych kierunkach niczym piękny obraz, aby dodać piękna domowi niebieskiemu. Domy są wielkie i wydają się niezmierzone oraz posiadają różne udogodnienia.

Wielka łąka, na której spokojnie bawią się zwierzęta

Nad drogą z kwiatów znajduje się szeroka łąka, na której pasą się, wylegują lub bawią zwierzęta, które możesz zobaczyć również na ziemi. Oczywiście, jest tam także wiele innych zwierząt, oprócz tych, które sprzeciwiły się Bogu, jak na przykład smoki. Sceneria, która ukazuje się twoim oczom przypomina sawannę w Afryce. Zwierzęta pozostają na swoich miejscach i nie wychodzą poza łąkę pomimo, że nie ma tam ogrodzenia. Zwierzęta są większe niż zwierzęta na ziemi, mają ładniejsze i żywsze kolory.

Prawo dżungli nie ma już tutaj zastosowania. Wszystkie zwierzęta są łagodne, nawet lwy nie są już agresywne – są łagodne i mają wspaniałe złote futra. W niebie, człowiek będzie mógł rozmawiać ze zwierzętami. Wyobraź sobie, jak cieszysz się pięknem natury, biegając po łące, jeżdżąc na lwie lub słoniu. Brzmi jak z bajki, ale taki przywilej będą mieć ludzie zbawieni, którzy posiądą niebo.

Prywatna chatka i złote krzesło do odpoczynku

Ponieważ dom tej osoby jest jak główna atrakcja turystyczna w niebie, Bóg podarował właścicielowi chatkę do prywatnego użytku. Chatka znajduje się na małym wzgórzu. Z jej okien rozpościera się piękny widok, a dekoracje zapierają dech w piersiach. Nie każdy może wejść do chatki, ponieważ jest ona przeznaczona do prywatnego użytku. Właściciel odpoczywa w samotności lub przyjmuje proroków takich jak Eliasz, Enoch, Abraham lub Mojżesz.

Ponadto, jest jeszcze inna chatka z kryształu – czysta i przeźroczysta w przeciwieństwie do innych budynków. A jednak z zewnątrz nie da się zajrzeć do środka. Nie każdy jednak może tam wejść. Na dachu kryształowej chatki znajduje się bujane złote krzesło. Kiedy właściciel siedzi na krześle, widzi cały dom. Bóg uczynił tę chatkę specjalnie dla właściciela, aby mógł cieszyć się, patrząc na wielu ludzie odwiedzających go lub po prostu odpoczywać.

Wzgórze wspomnień i droga kontemplacji

Droga kontemplacji, przy której po obu stronach rosną drzewa życia, jest spokojna, jakby zatrzymał się tam czas. Z każdym kolejnym krokiem, właściciel odczuwa niesamowity pokój wypływający z głębi serca i wspomina sytuacje, w których brał udział na ziemi. Kiedy myśli o słońcu, księżycu i gwiazdach, nad jego głową pojawia się coś jakby ekran, a słońce, księżyc i gwiazdy pojawiają się na nim. W niebie światło słońca, księżyca i gwiazd nie jest potrzebne, ponieważ całe miejsce wypełnione jest światłem Bożej chwały. Jednak właściciel lubi wspominać rzeczy, które miały miejsce na ziemi od czasu do czasu.

Ponadto, jest tam miejsce zwane wzgórzem wspomnień i przypomina wielką wioskę. Tam właściciel może cofnąć się do swojego życia na ziemi. Przypomina sobie dom, w którym się urodził; szkołę, do której uczęszczał; miasta, w których mieszkał; miejsca, w którym stawiał czoła próbom; miejsce, w którym spotkał Boga po raz pierwszy; sanktuaria, które wybudował, kiedy został pastorem – wszystko w kolejności chronologicznej.

Pomimo, że materiały są inne niż te na ziemi, rzeczy z jego ziemskiego życia zostały dokładnie odtworzone, aby ludzie mogli przypomnieć sobie to, co przeżywali na ziemi. Jakże wspaniały jest Bóg i Jego miłość!

Wodospady, morza i wyspy

Idąc po drodze kontemplacji, słyszysz głośny i jasny dźwięk z oddali. To dźwięk wielobarwnego wodospadu. Kiedy woda z wodospadu opada, rozpryskuje się, drogocenne kamienie na dnie lśnią niezwykle, tworząc przepięknie błyszczące światło. Spływająca woda tworzy wspaniałą scenerię, wpływając ponownie do Rzeki Wody Życia. Po obu stronach wodospadu leżą drogocenne kamienie, które połyskują pięknym światłem. Patrząc na taki widok, czujesz się ożywiony i odświeżony.

U góry znajduje się również wielki pawilon, w którym ludzie mogą odpocząć, podziwiając wodospad. Stamtąd możesz zobaczyć dom niebiański w całości, a widok jest tak wspaniały i piękny, że nie da się go opisać słowami.

Za zamkiem jest duże morze, na którym widać wyspy w różnych rozmiarach. Nieskazitelna i czysta woda lśni jak drogie kamienie. Niezwykły widok tworzą ryby pływające w przejrzystej wodzie. Co niezwykle zaskakujące, piękne domy w jasnozielonym kolorze zbudowane są również pod wodą. Na ziemi nawet najbogatsi ludzie nie mogą mieć domów pod wodą.

Jednakże, ponieważ niebo jest czterowymiarową rzeczywistością, gdzie wszystko jest możliwe, będzie tam niezliczona ilość rzeczy, których nie zrozumielibyśmy ani nie potrafimy sobie wyobrazić na ten moment.

Wielki statek oraz kryształowa łódź

Na wyspach rośnie wiele dzikich kwiatów, ptaki śpiewają swymi pięknymi głosami, a drogocenne kamienie uzupełniają tę niesamowitą scenerię. Mieszkańcy nieba biorą udział w zawodach surfingowych lub pływania kajakami. Po morzu pływa statek, który wygląda jak Titanic. Na statku znajduje się wiele udogodnień takich jak baseny, teatry oraz sale bankietowe. Jeżeli znajdziesz się na przeźroczystej łodzi wykonanej z kryształu, będziesz czuł się jakbyś chodził po wodzie. Będziesz mógł podziwiać piękno morza, pływając statkiem podwodnym w kształcie piłki do rugby.

Jakże będziemy szczęśliwi, mogąc pływać na statku takim jak Titanic, kryształowa łódź czy łódź podwodna w takim pięknym miejscu i spędzać każdy dzień w taki sposób. Ponieważ niebo jest miejscem wiecznym, możesz cieszyć się tym wszystkim na wieki, jeżeli wejdziesz do Nowego Jeruzalem.

Wiele obiektów sportowych

W zamku znajduje się wiele obiektów sportowych takich jak pola golfowe, kręgle, baseny, korty tenisowe, boiska do siatkówki, koszykówki, itp. Są one nagrodą, ponieważ właściciel mimo, że mógł cieszyć się tymi sportami na ziemi, wybrał pracę dla Bożego królestwa i spędzał swój czas na misji.

Parkiety do gry w kręgle wykonane są ze złota i drogich

kamieni, podobnie jak kula i kręgle. Ludzie grają w grupach od trzech do pięciu osób i świetnie się razem bawią. Kula wydaje się dość lekka – nie tak jak kule używane na ziemi – i poleci daleko po parkiecie, nawet jeśli wykonasz delikatny ruch. Kiedy uderzy w kręgle wyda piękny odgłos i zaświeci wspaniałym światłem.

Na polu golfowym zbudowanym na złotym trawniku, trawnik układa się automatycznie, aby piłka mogła się kulać. Kiedy trawnik układa się jak domino, wydaje się jakby powstawały złote fale. W Nowym Jeruzalem nawet trawnik będzie posłuszny swojemu Panu. Ponadto, po zakończeniu gry na jednym polu, gracz zostaje przeniesiony na chmurze na kolejne pole. Jakże wspaniałe i niezwykłe będzie to uczucie!

Ludzie będą się świetnie bawić również w basenach. Nikt nie utonie, nawet osoby, które nie potrafią pływać. Co więcej, woda nie zmoczy naszych ubrań, lecz będzie spływać, jak po liściach roślin. Ludzie będą mogli pływać, kiedy tylko zechcą, ponieważ będą mogli pływać w ubraniach.

Jeziora w różnych rozmiarach oraz fontanny w ogrodach

Są tam jeziora w różnych rozmiarach. Różnobarwne ryby, pływające w jeziorach będą tańczyć, aby sprawić przyjemność Bożym dzieciom, jakby chciały na głos wyrazić swoją miłość. Ryby będą zmieniać kolory – ryba, która połyskuje w kolorze srebrnym, może zmienić kolor na perłowy.

Jest tam również wiele ogrodów i każdy z nich ma nazwę zgodnie ze swoim wyjątkowym pięknem i cechami charakterystycznymi. Tego piękna nie da się opisać słowami, ponieważ to Bóg Stworzyciel dotknął każdego maleńkiego liścia w ogrodzie.

Zbudowane są też równe fontanny dopasowane do każdego ogrodu. Większość fontann wypryskuje wodę, jednak są i takie, które wypuszczają piękne światła lub zapachy. Poznasz nowe niezwykłe zapachy, których nigdy nie czułeś na ziemi, takie jak zapach wytrwałości, który poczujesz od perły, zapach wysiłku i pasji rubinu, zapach samo poświęcenia i wierności, oraz wiele innych. Pośrodku fontanny są napisy lub obrazki, które wyjaśniają znaczenie każdej wykonanej fontanny.

Ponadto, jest tam wiele różnych budynków oraz szczególnych przestrzeni, jednak niestety nie możemy opisać wszystkich tych udogodnień i obiektów. Ważne jest to, że nie ma tam niczego wykonanego bez powodu, wszystko jest nagrodą zgodnie z tym, jak bardzo dany człowiek pracował dla królestwa Bożego oraz Jego sprawiedliwości na ziemi.

Wspaniała jest twoja zapłata w niebie

Do tej chwili musiałeś sobie uświadomić, że niebiański dom jest wielkie i wspaniały. Zamek zapewnia całkowitą prywatność i jest zbudowany pośrodku. Są tam inne budynki i udogodnienia, zbudowane między otaczającymi je ogrodami. Ten dom jest niczym trakcja turystyczna nieba. Prawdopodobnie nie potrafisz się powstrzymać zaskoczenia z powodu rozmiaru domu przygotowanego przez Boga dla jednej osoby.

Dlaczego Bóg przygotował tak wielki dom? Spójrzmy do Ewangelii Mateusza 5,11-12:

„Błogosławieni jesteście, gdy /ludzie/ wam urągają

i prześladują was, i gdy z mego powodu mówią kłamliwie wszystko złe na was. Cieszcie się i radujcie, albowiem wasza nagroda wielka jest w niebie. Tak bowiem prześladowali proroków, którzy byli przed wami."

Jak bardzo cierpiał apostoł Paweł, aby osiągnąć Boże królestwo? Cierpiał z powodu trudności i prześladowań, aby głosić Jezusa Zbawiciela poganom. W 2 Liście do Koryntian 11,23 czytamy o tym, jak ciężko pracował dla Bożego królestwa. Paweł był w więzieniu, został pobity, groziła mu śmierć wiele razy z powodu głoszenia ewangelii.

A jednak Paweł nigdy nie narzekał ani nie marudził, lecz cieszył się i był wdzięczny zgodnie z tym, co mówi Słowo Boże. Dzięki Pawłowi drzwi dla głoszenia ewangelii poganom zostały otwarte. Dlatego, Paweł wszedł do Nowego Jeruzalem i otrzymał przywilej, aby lśnić jak słońce w Nowym Jeruzalem.

Bóg bardzo kocha tych, którzy gorliwie pracują oraz są wierni nawet do tego stopnia, aby poświęcić swoje życie. On błogosławi im i nagrodzi ich w niebie wieloma rzeczami.

Miasto Nowe Jeruzalem nie jest zarezerwowane dla jednej osoby, lecz każdy, kto poświęci swoje serce Bogu, upodobni się do Niego i wypełni swój obowiązek gorliwie może wejść do królestwa Bożego.

Modlę się w imieniu Jezusa Chrystusa, abyś był podobny do Boga dzięki gorliwej modlitwie i Słowu Boga, abyś w pełni wypełnił swoje obowiązki i wszedł do Nowego Jeruzalem, a potem wyznał ze łzami: „Jestem tak wdzięczny za niesamowitą miłość Ojca."

Rozdział 9

Pierwsze przyjęcie w Nowym Jeruzalem

1. Pierwsze przyjęcie w Nowym Jeruzalem
2. Prorocy jako najważniejsza grupa w niebie
3. Piękne kobiety w oczach Bożych
4. Maria Magdalena przebywająca blisko tronu Bożego

„Ktokolwiek więc zniósłby jedno z tych przykazań, choćby najmniejszych, i uczyłby tak ludzi, ten będzie najmniejszy w królestwie niebieskim. A kto je wypełnia i uczy wypełniać, ten będzie wielki w królestwie niebieskim."

- Mateusz 5,19 -

W świętym mieście Nowym Jeruzalem znajduje się tron Boży i spośród wielu ludzi, którzy żyli na ziemi, ci, którzy mają czyste serca i piękne charaktery będą mieszkać tam na wieki. Życie w Nowym Jeruzalem z Bogiem jest pełne niewyobrażalnej miłości, emocji, szczęścia i radości. Ludzie cieszą się niekończącym się szczęściem, biorąc udział w nabożeństwach i przyjęciach oraz rozmawiając z innymi.

Jeżeli będziesz brać udział w przyjęciu zorganizowanym przez Boga Ojca w Nowym Jeruzalem, będziesz mógł oglądać występy oraz dzielić się miłością z niezliczoną ilością ludzi z różnych miejsc w niebie.

Bóg w Trójcy, który zakończył cierpienia człowieka na ziemi, będzie cieszyć się i radować, patrząc na swoje ukochane dzieci.

Bóg miłości odkrył przede mną szczegóły życia w Nowym Jeruzalem, które będzie pełne emocji. Powodem, dla którego udało mi się pokonać zło dobrocią i miłością, nawet kiedy cierpiałem bez powodu było to, że moje serce było przepełnione nadzieją na Nowe Jeruzalem.

A teraz przyjrzymy się, jakże ogromnym błogosławieństwem jest to, aby osiągnąć charakter Boży, który jest czysty i piękny jak kryształ, patrząc na scenę w pierwszego przyjęcia zorganizowanego w Nowym Jeruzalem.

1. Pierwsze przyjęcie w Nowym Jeruzalem

Tak, jak na ziemi, w niebie będą przyjęcia, co oznacza, że

ludzie będą świętować i bardzo się radować życiem w niebie. Miejsca, gdzie będą odbywały się przyjęcia są honorowymi miejscami, gdzie możemy zobaczyć bogactwo i piękno nieba oraz cieszyć się nim. Tak, jak ludzie na ziemi ozdabiają się możliwie najpiękniej, jedzą, piją i cieszą się najlepszymi posiłkami na przyjęciach organizowanych przez prezydentów, tak samo przyjęcia w niebie będą pełne pięknych tańców, śpiewu i szczęścia.

Piękny dźwięk uwielbienia dobiegający z sali

Sala bankietowa w Nowym Jeruzalem jest wielka i wspaniała. Jeżeli wejdziesz do środka, nie będziesz w stanie zobaczyć jej końca. Piękny dźwięk niebiańskiej muzyki spotęguje emocje, które będziesz odczuwać.

Wspaniałe światło
Które istniało przed początkiem czasu.
On olśniewa wszystko
Swoim światłem.
Zrodził swego Syna
I stworzył aniołów.

Jego chwała jest wielka
Sięga ponad niebo i ziemię
Jest wspaniała.
Piękna jest Jego łaska
Którą nas otacza.
On otworzył Swe serce
I stworzył ten świat.

Uwielbiajcie Jego wielką miłość swoimi ustami.
Uwielbiajcie Pana
Który przyjmuje chwałę i raduje się.
Wysławiajmy Jego święte imię
I składajmy Mu hołd na wieki.
Jego światło jest wspaniałe
I godne uwielbienia.

Czysty i elegancji dźwięk muzyki porusza serce i daje pokój, który odczuwa dziecko, leżąc na piersi swej matki.

Wielka brama do sali bankietowej wykonana z białego klejnotu jest ozdobiona kwiatami w różnych kształtach i kolorach. Wygrawerowano na niej piękny wzór. Zobaczysz, że Bóg Ojciec w każdym miejscu Nowego Jeruzalem opracował dokładnie nawet najmniejsze szczegóły w swojej wielkiej miłości do ukochanych dzieci.

Przechodząc przez bramę z białego klejnotu

Ogromna liczba ludzi wejdzie przez piękne wejście do sali bankietowej. Będą stali w kolejce, zaś ludzie, którzy mieszkają w Nowym Jeruzalem będą wchodzić jako pierwsi. Będą mieli założone złote korony, które będą wyższe niż korony ludzi, zamieszkujących w innych częściach nieba. Korony będą lśniły pięknym delikatnym światłem. Ludzie będą mieli na sobie białe szaty, które połyskują światłem. Materiał, z którego są wykonane jest lekki i delikatny jak jedwab, pięknie kołysze się na obie strony.

Szata jest ozdobiona złotem i drogimi kamieniami, ma dodatkowo lśniące zdobienia przy szyi i rękawach. Zgodnie z przyznanymi nagrodami, wzory oraz liczba kamieni na szatach różnią się. Piękno i przywileje mieszkańców Nowego Jeruzalem jest zupełnie inne niż mieszkańców innych części nieba.

Tylko mieszkańcy Nowego Jeruzalem mogą bez przeszkód i ograniczeń uczęszczać na przyjęciach w Nowym Jeruzalem. Ludzie z Trzeciego, Drugiego i Pierwszego Królestwa oraz z Raju muszą zmieniać ubranie na specjalną szatę, aby wejść do Nowego Jeruzalem. Ponieważ światłość promieniejąca z ciał niebiańskich jest różna w zależności od tego, z jakiego miejsca w niebie przychodzą, ludzie muszą pożyczać odpowiednie ubrania, aby odwiedzić mieszkania na wyższym poziomie niż mieszkają.

Dlatego jest oddzielne miejsce służące jako przebieralnia. W Nowym Jeruzalem jest wiele szat, a aniołowie pomagają ludziom się przebierać. Jednak osoby z Raju muszą samodzielnie się przebierać. Przebierają swoje ubrania i zakładają szaty Nowego Jeruzalem, co powoduje głębokie wzruszenie. Jest im jednak przykro, że mają na sobie ubrania, które tak naprawdę nie nadają się do ubrania.

Ludzie z Trzeciego, Drugiego i Pierwszego Królestwa Niebieskiego oraz z Raju muszą przebrać swoje ubrania i okazać zaproszenie aniołom stojącym przy wejściu, aby wejść na salę bankietową.

Wielka i wspaniała sala bankietowa

Kiedy aniołowie zaprowadzą cię do sali bankietowej, będziesz oczarowany pięknym światłem, wspaniałością i dostojeństwem sali. Podłoga będzie lśnić jak białe klejnoty – nieskazitelna i doskonała. Sala ozdobiona jest wieloma filarami po obu stronach.

Okrągłe filary są czyste jak szkło, a ich wnętrze udekorowane jest drogimi kamieniami, co tworzy niezwykłe piękno. Bukiecik kwiatów zdobi każdy filar, aby stworzyć szczególną atmosferę bankietu.

Jakże wspaniałe będzie to, gdy zostaniesz zaproszony do sali balowej, wykonanej z marmuru i pięknie lśniącego kryształu. Jakże niezwykła będzie sala bankietowa wykonana z różnego rodzaju drogich kamieni!

Z przodu sali bankietowej w Nowym Jeruzalem znajdują się dwie sceny, które sprawią, że poczujesz jakbyś cofnął się w czasie i uczestniczył w ceremonii koronacji starożytnego imperatora. Na środku wyższej sceny znajduje się wielki tron w kolorze białego klejnotu należący do Boga Ojca. Po Jego prawej stronie jest tron Baranka, a po lewej gościa honorowego pierwszego przyjęcia. Trony otoczone są przez cudowne światła. Są wysokie i wspaniałe. Na niższej scenie znajdują się siedzenia dla proroków ustawione zgodnie z porządkiem w niebie, aby wyrazić majestat Ojca.

Sala bankietowa jest wystarczająco duża, aby zmieścić niezliczoną liczbę obywateli nieba. Po jednej stronie sali stoi orkiestra, której przewodzi archanioł. Orkiestra gra melodie niebiańskie, aby wzmocnić radość i szczęście nie tylko podczas bankietu, ale również przed jego rozpoczęciem.

Miejsca siedzące wyznaczane przez aniołów

Ludzie, którzy wejdą do sali bankietowej zostaną odprowadzenie do swoich miejsc przez aniołów. Osoby z Nowego Jeruzalem usiądą z przodu, a następnie osoby z Trzeciego, Drugiego i Pierwszego Królestwa oraz Raju.

Ludzie z Trzeciego Królestwa będą mieć na głowach korony zupełnie inne niż korony osób z Nowego Jeruzalem. Muszą zaznaczyć symbol po prawej stronie korony, aby różnić się od ludzi z Nowego Jeruzalem. Osoby z Drugiego i Pierwszego Królestwa muszą zapisać znak na swej lewej piersi, aby wyróżniać się od ludzi z Trzeciego Królestwa oraz z Nowego Jeruzalem. Ludzie z Drugiego i Pierwszego Królestwa mają korony, lecz osoby z Raju nie mają koron.

Osoby zaproszone do Nowego Jeruzalem na przyjęcie zajmują miejsce i czekają na wejście Boga Ojca, organizatora przyjęcia i poprawiają swoje szaty. Na głos trąby sygnalizującej przybycie Boga Ojca, wszyscy ludzie zgromadzeni w sali mają wstać, aby przywitać organizatora. W tamtym czasie, osoby które nie były zaproszone na przyjęcia mogły brać w nim udział dzięki systemowi nadawczemu zainstalowanemu wokół mieszkania.

Na dźwięk trąby Bóg Ojciec wchodzi do sali

Na dźwięk trąby wielu archaniołów, którzy eskortują Boga Ojca wejdzie jako pierwsi, a następnie ukochani ojcowie wiary. Wtedy wszyscy i wszystko będzie gotowe, aby przyjąć Boga Ojca. Ludzie, którzy będą oglądać tę scenę będą chętni, aby zobaczyć Boga i Pana, więc uważnie patrzą na wejście.

W końcu wspaniałe światło zaczyna jaśnieć i wchodzi Bóg Ojciec. Jego wygląd jest wspaniały i godny, a tym samym delikatny i święty. Jego delikatnie falowane włosy lśnią złotem. Jasne światło lśni z Jego twarzy i całego ciała tak, że ludzie nie potrafią nawet otworzyć oczu.

Kiedy Bóg Ojciec zasiądzie na tronie, aniołowie i cherubowie oraz prorocy, czekający na scenie, oraz wszyscy ludzie na sali bankietowej pochylą głowy, aby oddać Mu cześć. To wielki przywilej zobaczyć Boga Ojca, Stworzyciela i Władcę wszystkiego osobiście. Jakże radosne i emocjonujące to będzie przeżycie! Jednak nie wszyscy goście Go zobaczą. Ludzie z Raju, Pierwszego i Drugiego Królestwa nie będą mogli podnieść twarzy z powodu jasnego światła. Będą ocierać łzy radości, emocji i wdzięczności za to, że możesz uczestniczyć w taki przyjęciu.

Pan przedstawia honorowego gościa

Po tym jak Bóg Ojciec zasiada na swoim tronie, Pan wchodzi w towarzystwie pięknego i eleganckiego archanioła. Ma na sobie wysoką i niezwykłą koronę oraz lśniącą, białą i długą szatę. Wygląda godnie i wspaniale. Pan kłania się przed Bogiem Ojcem jak pierwszy, aby wyrazić szacunek, przyjmuje chwałę aniołów, proroków i innych osób, uśmiechając się do nich. Bóg Ojciec jest zadowolony patrząc na ludzi, którzy przyszli na przyjęcie.

Pan idzie na podium i przedstawia gościa honorowego na pierwszym przyjęciu oraz szczegółowo opowiada historię jego służby, która pomogła szybciej zakończyć życie na ziemi. Niektórzy ludzie obecni na przyjęciu zastanawiają się, kto to jest, a ci, którzy wiedzą, kto to jest nadsłuchują z oczekiwaniem.

W końcu Jezus zakańcza swoje przemówienie, wyjaśniając, jak bardzo ten człowiek kochał Boga Ojca, jak bardzo pracował dla zbawienia dusz oraz wypełniał Bożą wolę. Wtedy, Bóg Ojciec pełen radości wstaje, aby przywitać gościa honorowego, jak ojciec wita powracającego syna, jak król wita triumfującego generała. Na sali bankietowej, gdzie ludzie czekają w napięciu, rozbrzmiewa dźwięk trąby i wchodzi gość honorowy, otoczony pięknym światłem.

Ma na sobie wysoką i wspaniałą koronę oraz długą białą szatę tak, jak Pan Jezus. Wygląda godnie, jednak ludzie czują jego delikatność i miłosierdzie podobne do Boga Ojca.

Kiedy gość honorowy wchodzi, ludzie wstają i zaczynają radować się, a nawet robić falę. Pląsają i radują się, przytulając jeden drugiego. Na przykład, podczas finałowego meczu mistrzostw świata w piłce nożnej, kiedy piłka mija bramkarza, przynosząc zwycięstwo, wszyscy ludzie ze zwycięskiego kraju na stadionie i w swoich domach radują się, przytulają, przybijają „piątkę", itp. Podobnie, sala bankietowa w Nowym Jeruzalem będzie pełna radości.

2. Prorocy jako najważniejsza grupa w niebie

Co musimy uczynić, aby być mieszkańcami Nowego Jeruzalem oraz wziąć udział w pierwszym przyjęciu? Nie tylko musimy przyjąć Jezusa i otrzymać Ducha Świętego jako dar, ale również wydać owoce Ducha Świętego oraz upodobnić się charakterem do Boga. W niebie kolejność zależy od tego, do jakiego stopnia udało się ludziom uświęcić i upodobnić do charakteru Boga.

Stąd, nawet na pierwszym przyjęciu w Nowym Jeruzalem, prorocy będą wchodzić zgodnie z niebiańską kolejnością, kiedy

Bóg Ojciec wejdzie do sali. Im większy prorok lub ojciec wiary, tym bliżej tronu Bożego stanie. Podobnie, ponieważ rządy nieba oparte są na kolejności, wiemy, że musimy być podobni do Boga, aby stać blisko tronu Bożego.

Zastanówmy się nad rodzajem charakteru, który jest czysty i piękny niczym kryształ, niczym charakter Boży oraz w jaki sposób możemy w pełni upodobnić się do Niego, by należeć do ludzi, których Bóg upodobał sobie najbardziej.

Eliasz został uniesiony w górę, nigdy nie zaznawszy śmierci

Ze wszystkich ludzi na ziemi, Eliasz był jednym z najbardziej umiłowanych przez Boga. W Biblii widzimy, że każdy aspekt życia Eliasza świadczył o Bogu – o jedynym prawdziwym Bogu. Był prorokiem w czasach Ahaba w północnym królestwie Izraela, kiedy bałwochwalstwo było nieokiełznane. Stawił czoła 850 prorokom Baala i sprowadził ogień z nieba. Eliasz sprowadził deszcze po 3,5 latach suszy.

> *„Eliasz był człowiekiem podobnym do nas i modlił się usilnie, by deszcz nie padał, i nie padał deszcz na ziemię przez trzy lata i sześć miesięcy. I znów błagał, i niebiosa spuściły deszcz, a ziemia wydała swój plon"* (Jak. 5,17-18).

Co więcej, dzięki Eliaszowi, garść mąki i odrobina oliwy wystarczyły wdowie i jej synowi do końca głodu. Zmartwychwzbudził syna wdowy i rozdzielił rzekę Jordan. Eliasz został porwany na rydwanie ognistym do nieba (2 Król. 2,11).

Dlaczego Eliasz, który był człowiekiem takim samym jak my, był w stanie czynić dzieła mocy Bożej i uniknąć śmierci? Ponieważ jego charakter był czysty i piękny jak kryształ, podobny do charakteru Boga dzięki próbom i doświadczeniom. Eliasz w pełni zaufał Bogu i bez względu na sytuacje zawsze był Mu posłuszny.

Kiedy Bóg rozkazał, Eliasz poszedł do króla Ahaba, który próbował go zabić i ogłosił, że tylko Bóg jest jedynym prawdziwym Bogiem przez niezliczoną rzeszą ludzi. Dlatego otrzymał moc Bożą, manifestował Jego potęgę i uwielbiał Boga. Eliasz może cieszyć się przywilejami i chwałą na wieki.

Enoch chodził z Bogiem przez 300 lat

A co z Enochem? Podobnie jak Eliasz, Enoch został porwany do nieba i nigdy nie poznał, co to śmierć. Pomimo, że Biblia niewiele o nim wspomina, z tego co jest napisane łatwo wywnioskować, że charakter Enocha był podobny do charakteru Boga.

> *„Gdy Henoch miał sześćdziesiąt pięć lat, urodził mu się syn Metuszelach. Henoch po urodzeniu się Metuszelacha żył w przyjaźni z Bogiem trzysta lat i miał synów i córki. Ogólna liczba lat życia Henocha: trzysta sześćdziesiąt pięć. Żył więc Henoch w przyjaźni z Bogiem, a następnie zniknął, bo zabrał go Bóg"* (1 Mój. 5,21-24).

Enoch rozpoczął chodzić z Bogiem w wieku 65 lat. Bóg ukochał go, ponieważ jego charakter był podobny do charakteru Boga. Bóg komunikował się z nim, chodził z nim przez 300 lat i zabrał go żywego do siebie. Tutaj zwrot „chodzić z Bogiem" oznacza, że Bóg jest z daną osobą we wszystkim. Bóg był z Enochem, gdziekolwiek Enoch się udał przez całe 300 lat.

Jeżeli jedziesz na wycieczkę, z kim chciałbyś pojechać? Wycieczka będzie przyjemna, jeżeli pojedziesz z kimś, z kim dobrze się rozumiesz. Tak samo, uświadamiany sobie, że Enoch stanowił jedność z Bogiem i chodził z Bogiem na co dzień.

Ponieważ Bóg jest światłością, dobrocią i miłością, musimy pozbyć się ciemności, aby z Nim chodzić i posiąść dobroć oraz miłość. Enoch był święty, pomimo że żył w grzesznym świecie oraz głosił wolę Bożą innym ludziom (Judy 1,14). Biblia nie opisuje żadnej sytuacji, gdzie Enoch osiągnął coś niezwykłego i wielkiego. A mimo to, ponieważ odczuwał bojaźń przed Bogiem, unikał złego i żył uświęconym życiem, był w stanie chodzić z Bogiem, a Bóg zabrał go do siebie, aby szybciej mieć go bliżej siebie.

Dlatego w Liście do Hebrajczyków 11,5 czytamy: *„Przez wiarę Henoch został przeniesiony, aby nie oglądał śmierci. I nie znaleziono go, ponieważ Bóg go zabrał. Przed zabraniem bowiem otrzymał świadectwo, iż podobał się Bóg."* Podobnie, Enoch, którego wiara cieszyła Boga, był błogosławiony i chodził z Bogiem, a następnie został porwany do nieba, nie poznawszy śmierci.

Abraham został nazwany przyjacielem Boga

Jak piękny był charakter Abrahama, że został nazwany

przyjacielem Boga?

Abraham w pełni zaufał Bogu i był Mu całkowicie posłuszny? Kiedy opuszczał swój kraj, ponieważ otrzymał wskazówkę od Boga, nie znał nawet celu swojej wędrówki, a jednak posłusznie opuścił miasto. Ponadto, kiedy Bóg rozkazał mu złożyć swojego syna Izaaka w ofierze jako ofiarę całopalną, Abraham wytrwał w posłuszeństwie, pomimo że zrodził Izaaka w wieku 100 lat. Ufał Bogu, który jest dobry i wszechmocny – który wzbudzał z martwych.

Abraham nie był egoistą. Przykładowo, kiedy mienie jego bratanka Lota była tak duże, że musieli się rozdzielić, Abraham pozwolił Lotowi zdecydować: *„Rzekł Abram do Lota: Niechaj nie będzie sporu między nami, między pasterzami moimi a pasterzami twoimi, bo przecież jesteśmy krewni. Wszak cały ten kraj stoi przed tobą otworem. Odłącz się ode mnie! Jeżeli pójdziesz w lewo, ja pójdę w prawo, a jeżeli ty pójdziesz w prawo, ja – w lewo"* (1 Mój. 13,8-9).

Pewnego razu wielu królów zebrało się i najechało na Sodomę i Gomorę, zagrabili dobra i pokarmy oraz wzięli do niewoli Lota, który mieszkał w Sodomie. Abraham zebrał 318 mężów i odbił dobra i pokarmy oraz ludzi. Król Sodomy chciał dać Abrahamowi część swojego mienia w dowód wdzięczności, jednak Abraham nie przyjął daru, ponieważ tym, co zrobił pragnął udowodnić, że błogosławi mu Bóg. Podobnie, Abraham był posłuszny w wierze, oddając chwałę Bogu z całego serca czystego i pięknego jak kryształ. Dlatego Bóg błogosławił mu obficie na ziemi i w niebie.

Mojżesz – lider narodu izraelskiego podczas wyjścia z Egiptu

Jakim człowiekiem był Mojżesz? Księga liczb 12,3 mówi: *„Mojżesz zaś był człowiekiem bardzo skromnym, najskromniejszym ze wszystkich ludzi, jacy żyli na ziemi."*

W Liście Judy jest opisana scena, w której archanioł Michał kłóci się z diabłem o ciało Mojżesza, ponieważ Mojżesz miał kwalifikacje, aby udać się do nieba, pomimo że nie poznał śmierci. Kiedy Mojżesz był księciem Egiptu, zabił Egipcjanina, który bił Izraelitę. Z tego powodu diabeł uważał, że Mojżesz powinien doświadczyć śmierci.

A jednak archanioł Michał kłócił się z diabłem, mówiąc, że Mojżesz odrzucił swoje grzechy i zło, oraz mógł wejść do nieba. W Ewangelii Mateusza 17 czytamy, że Mojżesz i Eliasz zeszli na ziemię, aby rozmawiać z Jezusem. Dzięki temu wiemy, co stało się z ciałem Mojżesza.

Mojżesz musiał uciekać z pałacu faraona, z powodu morderstwa, którego się dopuścił. Przez 40 lat pasł trzodę na pustyni. Dzięki życiu na pustyni, Mojżesz wyzbył się dumy, żądzy oraz własnej sprawiedliwości, którą wszczepiono mu w pałacu faraona. Dopiero wtedy Bóg wyznaczył mu zadanie, aby wywiódł naród izraelski z Egiptu.

Mojżesz, który zabił człowieka i uciekł, musiał wrócić do faraona i wyprowadzić Izraela, który był w niewoli Egiptu przez 400 lat. Człowiekowi wydawało się to niemożliwe, jednak Mojżesz był posłuszny Bogu i poszedł do faraona. Nie każdy mógł stać się liderem i wyprowadzić miliony Izraelitów z Egiptu i prowadzić ich do Kanaanu. Dlatego Bóg najpierw oczyścił

Mojżesza na pustyni przez 40 lat i uczynił do wspaniałym naczyniem, które mogło podołać wyznaczonemu zadaniu. W ten sposób Mojżesz stał się osobą posłuszną aż do śmierci i mógł wykonać swój obowiązek wyprowadzenia ludu z Egiptu. W Biblii możemy przeczytać, jakim wspaniałym człowiekiem był Mojżesz.

„I poszedł Mojżesz do Pana, i powiedział: Oto niestety lud ten dopuścił się wielkiego grzechu, gdyż uczynił sobie boga ze złota. Przebacz jednak im ten grzech! A jeśli nie, to wymaż mię natychmiast z Twej księgi, którą napisałeś" (2 Moj. 32,31-32).

Mojżesz wiedział, że wymazanie jego imienia z księgi Pana nie oznaczało śmierci fizycznej. Wiedząc, że ludzie, których imion nie ma w księdze życia zostaną wrzuceni do ognia piekielnego na wieczną śmierć i cierpieć na wieki, Mojżesz pragnął ofiarować swoje życie wieczne w zamian za przebaczenie za grzechy ludu.

Co musiał czuć Bóg patrząc na Mojżesza? Bóg był uradowany, ponieważ wiedział, że Mojżesz w pełni rozumie charakter Boga i nienawidzi grzechu oraz pragnie ocalić grzeszników. Bóg odpowiedział na jego modlitwę. Bóg uważał Mojżesza za bardziej wartościowego niż cały lud izraelski, ponieważ miał dobry charakter w oczach Boga oraz był czysty jak woda życia wypływająca spod tronu Boga.

Jeżeli jest jeden diament w rozmiarze fasolki zupełnie nieskazitelny oraz setki kamieni w rozmiarze pięści, które z nich uznasz za bardziej wartościowe? Nikt nie zamieniłby diamentu na inny kamień.

Dlatego, uświadamiając sobie fakt, że wartość samego Mojżesza była znacznie większa niż całego ludu Izraela, powinniśmy osiągnąć charaktery, które są czyste i piękne niczym kryształ.

Paweł, apostoł pogan

Piątym w niebiańskiej randze był apostoł Paweł, który poświęcił swoje życie na ewangelizacji pogan. Pomimo że był wierny królestwu Bożemu, w zakątku jego umysłu zawsze było mu przykro, że kiedyś prześladował naśladowców Jezusa, zanim przyjął Pana. W 1 Koryntian 15,9 wyznał: *„Jestem bowiem najmniejszy ze wszystkich apostołów i niegodzien zwać się apostołem, bo prześladowałem Kościół Boży."*

Jednakże, ponieważ Paweł był dobrym naczyniem, Bóg wybrał go, oczyścił i użył jako apostoła pogan. W 2 Koryntian 11,23 czytamy o wielu trudnościach, których doświadczył, głosząc ewangelię i widzimy, że cierpiał tak bardzo, że obrzydło mu życie. Wielokrotnie wtrącono go do więzienia. Pięć razy został ubiczowany, trzy razy pobity, raz ukamienowany, trzy razu był uczestnikiem wypadku na morzu, spędził dzień i noc na otwartym morzu, wielokrotnie nie spał przez wiele dni, wiedział, co to głód i pragnienie, co to nagość i chłód (2 Koryntian 11,23-27).

Paweł cierpiał tak bardzo, że wyznał w 1 Koryntian 4,9: *„Wydaje mi się bowiem, że Bóg nas, apostołów, wyznaczył jako ostatnich, jakby na śmierć skazanych. Staliśmy się bowiem widowiskiem światu, aniołom i ludziom."*

Dlaczego więc Bóg dopuścił tak wiele trudności i prześladowań na Pawła, który był wierny aż do śmierci? Bóg mógł ochronić Pawła od trudności, jednak pragnął, aby Paweł miał czysty i piękny charakter dzięki takim trudnościom. W końcu apostoł zyskał radość i zadowolenie w Bogu, wyparł się samego siebie i przyjął Chrystusa za przykład. W 2 Koryntian 11,28 powiedział: *„nie mówiąc już o mojej codziennej udręce płynącej z troski o wszystkie Kościoły."*

Natomiast w Rzymian 9,3 rzekł: *„Wolałbym bowiem sam być pod klątwą [odłączony] od Chrystusa dla [zbawienia] braci moich, którzy według ciała są moimi rodakami."* Paweł, który miał serce czyste i piękne niczym kryształ, mógł nie tylko wejść do Nowego Jeruzalem, ale także przebywać blisko tronu Bożego.

3. Piękne kobiety w oczach Bożych

Przyjrzeliśmy się już, jak wygląda pierwsze przyjęcie w Nowym Jeruzalem. Kiedy Bóg Ojciec wchodzi na salę, jest za Nim kobieta. Towarzyszy Bogu Ojcu w białej szacie, która sięga podłogi i jest ozdobiona wieloma drogimi kamieniami. To Maria Magdalena. Biorąc pod uwagę okoliczności i ograniczenie roli kobiety w społeczeństwie, niewiele mogła zrobić, aby osiągnąć Boże królestwo, jednak ponieważ była piękna w oczach Boga, mogła wejść do Nowego Jeruzalem.

Tak, jak istnieje podział wśród proroków zgodnie z tym, jak bardzo upodobnili się do Boga, kobiety w niebie również podlegają podziałowi zgodnie z tym, jak przyjęły i ukochały Boga.

W taki razie, jakie życia powinna prowadzić kobieta, aby Bóg przyjął ją do siebie i ukochał, oraz aby mogła otrzymać przywileje w niebie?

Mari Magdalena pierwsza spotkała zmartwychwstałego Pana

Ukochaną przez Boga kobietą jest Maria Magdalena. Przez długi czas należała do mocy ciemności i była poniżana i potępiana przez innych, oraz cierpiała z powodu różnych chorób. Pewnego dnia usłyszała wiadomość o Jezusie, przygotowała drogi perfum i poszła się z nim spotkać. Wiedziała, że Jezus przybył do domu jednego faryzeusza i udała się tam, jednak bała się stanąć przed obliczem Pana, pomimo, że tak bardzo tego pragnęła. W końcu podeszła do Niego, obmyła mu stopy łzami, otarła włosami i rozbiła słoiczek z perfumom, aby wylać go na nogi Zbawiciela. Została uwolniona od bólu choroby poprzez swój czyn wiary i była bardzo wdzięczna. Od tamtego czasu kochała Jezusa tak bardzo, że podążała za Nim gdziekolwiek się udawał. Była piękną w oczach Boga i poświęciła swoje życie Jemu (Łuk. 8,1-3).

Podążała za Jezusem, nawet kiedy był krzyżowany i wydał ostatni oddech, mimo że mogła stracić życie. Maria uczyniła więcej niż tylko odpłaciła się za okazaną jej łaskę – podążyła za Jezusem, poświęciła wszystko, nawet życie.

Maria Magdalena, która ukochała Jezusa z całego serca, była pierwszą osobą, która spotkała Jezusa po zmartwychwstaniu. Była najwspanialszą kobietą w historii ludzkości, ponieważ miała dobre serce i piękne uczynki, które podobały się Bogu.

Dziewica Maria błogosławiona, aby zrodzić Jezusa

Druga spośród najpiękniejszych kobiet w oczach Boga była dziewica Maria, która została pobłogosławiona przez Boga i urodziła Jezusa, Zbawiciela całego rodzaju ludzkiego. Około 2000 lat temu Jezus przyszedł na ziemię, by zbawić człowieka od grzechu. Aby spełnił się plan zbawienia, potrzebna była odpowiednia kobieta – była nią Maria, która została wybrana przez Boga i poślubiona Józefowi. Bóg poinformował ją wcześniej przez anioła Gabriela, że z Ducha Świętego zrodzi Jezusa. Maria nie zastanawiała się na tym, lecz odważnie wyznała z wiarą: *„Oto Ja służebnica Pańska, niech Mi się stanie według twego słowa"* (Łuk. 1,26-38).

Kiedy panna zachodziła w ciążę w tamtych czasach, nie tylko była publicznie potępiana, ale również kamienowana na śmierć zgodnie z Prawem Mojżesza. Jednakże, Maria wierzyła w głębi serca, że nic nie jest niemożliwe dla Boga. Miała dobre serce i była posłuszna Słowu Bożemu, nawet w obliczu śmierci. Jakże szczęśliwa i wdzięczna musiała być Maria, kiedy urodziła Jezusa, kiedy patrzyła jak rośnie w mocy Boga. Było to wielkim błogosławieństwem dla Marii, istoty stworzonej.

Dlatego była tak szczęśliwa patrząc na Jezusa, służyła Mu i kochała Go ponad życie. W ten sposób Maria została obficie pobłogosławiona przez Boga i również otrzymała wieczną chwałę wraz z Marią Magdaleną i innymi kobietami w niebie.

Estera nie obawiała się niczego – pragnęła wypełnić jedynie wolę Boga

Estera, która uratowała swoich ludzi dzięki wierze i miłości, stała się piękną w oczach Boga i osiągnęła zaszczyty w niebie.

Kiedy król Persji Artarkserkses odebrał królowej Waszti honory królewskie, Estera została wybrana spośród innych pięknych kobiet jako królowa, pomimo tego, że była Żydówką. Król kochał ją i kochali ją ludzie, ponieważ nigdy nie była dumna i zdobiła się czystością i elegancją.

W między czasie, kiedy Estera była królową, Żydów zaczął dotykać wielki kryzys. Haman, który był ulubieńcem króla, zapłonął gniewem, kiedy Żyd o imieniu Mardochaj nie uklęknął przed nim i nie oddał czci. Dlatego uknuł plan, aby zniszczyć wszystkich Żydów w Persji i otrzymał na to zgodę króla.

Estera pościła przez trzy dni za swój lud i zdecydowała się porozmawiać z królem (Estera 4,16). Zgodnie z prawem perskim, jeżeli ktokolwiek przyszedł do króla, jeśli nie został przywołany, był skazany na śmierć, z wyjątkiem sytuacji, kiedy król wskazał na tę osobę swoim berło. Po trzech dniach postu, Estera powierzyła sprawę Bogu i poszła do króla: *„Jeśli ma zginąć, to zginę."* W rezultacie Bożej interwencji, Hama, który uknuł spisek, został zabity. Estera nie tylko ocaliła swój lud, ale również zdobyła jeszcze więcej miłości i szacunku ze strony króla.

Bóg uznał Esterę za piękną w swoich oczach. Estera otrzymała honory w niebie, ponieważ była silna i trwała w prawdzie oraz miała odwagę, aby oddać swoje życie, jeżeli oznaczało to podążanie za wolą Bożą.

Rut miała piękne i dobre serce

Spójrzmy teraz na życie Rut, którą Bóg również uznał za piękną w swoich oczach. Rut będzie jedną z najwspanialszych kobiet w niebie. Jaki był jej charakter oraz uczynki, że Bóg był z niej tak zadowolony i jej błogosławił?

Rut Moabitka wyszła za Izraelitę, którego rodzina

przeprowadziła się do Moabu z powodu głodu, jednak szybko straciła męża. Wszyscy mężczyźni w jej rodzinie zmarli wcześnie, więc mieszkała ze swoją teściową Noemi i szwagierką Orpą. Noemi martwiła się o ich przyszłość i zasugerowała swoim synowym, aby powróciły do swoich rodzin. Orpa opuściła Noemi ze łzami, jednak Rut pozostała i wyznała następująco:

> *„Nie nalegaj na mnie, abym cię opuściła i odeszła od ciebie; ponieważ dokądkolwiek pójdziesz i ja pójdę, gdzie ty zamieszkasz i ja zamieszkam. Lud twój, lud mój, a Bóg twój, Bóg mój. Gdzie ty umrzesz i ja umrę, i tam będę pochowana. Niech mi uczyni Pan cokolwiek zechce, a jednak tylko śmierć odłączy mnie od ciebie."*

Ponieważ Rut miała tak wspaniałe serce, nigdy nie myślała o swoich korzyściach, lecz podążała za dobrocią, nawet jeżeli mogło to przynieść jej własną szkodę – wypełniała swoje obowiązki wiernie, służąc swojej teściowej.

Uczynki Rut były tak piękne, że cała wioska wiedziała o jej wierności i kochała ją. W końcu, dzięki pomocy teściowej, Rut ponownie wyszła za mąż za człowieka o imieniu Boaz. Urodziła syna i stała się prababką króla Dawida (Rut 4,13-17). Co więcej, Rut była błogosławiona jako przodek Jezusa, pomimo że była poganką (Mat. 1,5-6) oraz obok Estery stała się jedną z najpiękniejszych kobiet w oczach Boga.

4. Maria Magdalena przebywająca blisko tronu Bożego

Dlaczego Bóg informuje nas o pierwszym przyjęciu w Nowym Jeruzalem oraz o porządku wśród proroków oraz kobiet? Bóg miłości nie tylko pragnie, aby wszyscy ludzie otrzymali zbawienie i dostali się do Bożego królestwa, ale również, aby byli podobni do Niego, by mogli przebywać w pobliżu tronu Boga.

Aby zyskać przywilej przebywania w pobliżu tronu Boga w Nowym Jeruzalem, nasze charaktery muszą być podobne do Jego charakteru, który jest czysty i piękny jak kryształ. Musimy posiąść piękne serce, które wyraża cechy symbolizowane przez dwanaście kamieni węgielnych murów Nowego Jeruzalem.

Dlatego od teraz przyjrzymy się życiu Marii Magdaleny, która służy Bogu Ojcu i przebywa blisko Jego tronu. Kiedy modliłem się za wykładami na temat Ewangelii Jana, wiele dowiedziałem się o życiu Marii Magdaleny, dzięki inspiracji Ducha Świętego. Bóg odkrył przede mną informacje o rodzinie, w której urodziła się Maria Magdalena, jak żyła i jak szczęśliwe było jej życie po tym, jak spotkała Jezusa. Mam nadzieję, że dostrzeżesz jej piękne i dobre serce, które sprawiło, że żałowała za swoje grzechy oraz poświęciła życie pełne miłości Jezusowi, abyś również mógł mieć przywilej przebywania blisko tronu Boga.

Maria urodziła się w bałwochwalczej rodzinie

Maria otrzymała imię „Maria Magdalena", ponieważ urodziła się w wiosce o nazwie Magdala, gdzie bałwochwalstwo było na porządku dziennym. Jej rodzina nie był wyjątkiem. Nad jej rodziną od wielu pokoleń ciążyła klątwa ze względu na poważne bałwochwalstwo, dlatego mieli dużo problemów.

Maria Magdalena, która urodziła się możliwie najgorszych czasach duchowych, nie mogła normalnie jeść, ponieważ miała problemy z trawieniem. Była fizycznie słaba, a jej ciało było podatne na choroby. Co więcej, nawet przestała miesiączkować w młodym wieku i nie mogła mieć dzieci. Dlatego zawsze zostawała w domu i poniżała się, jakby jej nie było. Jednakże, pomimo że była poniżana i traktowana chłodno przez członków rodziny, nigdy nie narzekała. Zamiast tego, rozumiała ich i próbowała być dla nich źródłem siły, biorąc na siebie winę za wszystko. Kiedy uświadomiła sobie, że nie jest w stanie wspierać całą rodzinę, a była dla nich tylko ciężarem, opuściła dom rodzinny. Nie było to spowodowane nienawiścią z powodu tego, jak źle ją traktowali, lecz ponieważ nie chciała być dla nich ciężarem.

Starała się pod każdym względem i przyjmowała na siebie winę

W między czasie spotkała mężczyznę i próbowała na nim polegać, jednak mężczyzna ten był złym człowiekiem. Nie próbował wspierać jej rodziny, lecz zajmował się hazardem. Prosił Marię Magdalenę, aby przyniosła mu więcej pieniędzy, krzycząc na nią i bijąc ją.

Maria Magdalena zaczęła robić na drutach, szukając stałego źródła dochodu. Ponieważ jednak była słaba i pracowała przez cały dzień, jej organizm stawał się coraz słabszy, więc musiała prosić o pomoc, aby móc się poruszać. Jednakże, pomimo że Maria wspierała swojego mężczyznę, on nie był jej wdzięczny i nie pomagał jej. Maria nie czuła nienawiści, jednak był ojej przykro, że nie mogła być dla niego większą pomocą, ponieważ była słaba, dlatego uważała to, że źle ją traktował za uzasadnione.

Będąc w tak tragicznej sytuacji, zapomniana przez rodziców, braci oraz swojego mężczyznę, Maria usłyszała dobrą nowinę. Usłyszała o Jezusie, który czynił cuda, uzdrawiał ślepych i przywracał niemym mowę. Kiedy Maria Magdalena usłyszała o rzeczach, które czynił Jezus, nie miała wątpliwości, ponieważ jej serce było dobre. Miała wiarę, że jej słabości oraz choroby mogą natychmiast zostać uzdrowione przez Jezusa.

Tęskniła za tym, aby Go spotkać. W końcu, usłyszała, że Jezus przybędzie do jej wioski oraz że zatrzyma się o faryzeusza o imieniu Szymon.

Z wiarą wylała perfum na stopy Jezusa

Maria Magdalena była tak szczęśliwa, że kupiła perfum za zarobione pieniądze. Tego, co czuła przed spotkanie z Jezusem nie da się nawet opisać.

Ludzie próbowali przeszkodzić jej w dojściu do Jezusa, ponieważ miała skromne ubrania, jednak nikt nie był w stanie jej powstrzymać. Pomimo ostrych spojrzeń ludzi, Maria Magdalena podeszła do Jezusa, skropiła Jego stopy łzami.

Nie odważyła się stanąć przed Jezusem, więc stanęła za Nim. Kiedy klęczała u Jego stóp, wylewała łzy na Jego stopy i ocierała je włosami. Stłukła słoiczek z perfumom i wylała go na stopy Jezusa, ponieważ był dla niej tak drogi.

Ponieważ Maria Magdalena przyszła do Jezusa ze szczerością,

nie tylko Jezus wybaczył jej grzechy, aby mogła otrzymać zbawienie, ale również uzdrowił jej choroby. Jej ciało zaczęło normalnie funkcjonować i znów miesiączkowała. Jej twarz, która wyglądała okropnie z powodu chorób, promieniała szczęściem i radością. Jej słabe ciało stało się zdrowe. Poczuła się wartościowa jako kobieta i nie czuła się związana mocą ciemności.

Podążając za Jezusem aż do końca

Maria Magdalena doświadczyła czegoś, za co była bardziej wdzięczna niż za uzdrowienie. Spotkała osobę, która obdarzyła ją miłością, której nigdy wcześniej nie otrzymała od nikogo. Od tego czasu poświęciła swój czas i pasję Jezusowi w radości i wdzięczności. Ponieważ odzyskała zdrowie, mogła wspierać pracę Jezusa finansowo, ponieważ robiła na drutach i podejmowała się innej pracy, podążając za Panem z całego serca.

Maria Magdalena nie tylko podążała za Jezusem, kiedy czynił znaki i cuda oraz zmieniał życie ludzi dzięki mocy ewangelii, ale była z Nim również, kiedy cierpiał raniony przez rzymskich żołnierzy i niósł swój krzyż. Nawet kiedy Jezus został przybity do krzyża, Maria była blisko. Pomimo, że groziła jej śmierć, Maria Magdalena poszła na Golgotę, podążając za Jezusem, który niósł krzyż.

Co musiała czuć, patrząc na Jezusa, którego szczerze kochała, a który cierpiał niezmierny ból i przelał swoją krew?

Panie, co mam uczynić,
Co mam uczynić?
Panie, jak mam żyć?

Jakże mam żyć bez Ciebie, Panie?

...

Gdybym mógł na siebie przyjąć krew
Którą Ty przelałeś,
Gdybym tylko mógł na siebie wziąć ból
Który Ty wycierpiałeś.

...

Panie,
Nie mogę żyć bez Ciebie.
Nie potrafię żyć
Jeżeli nie jestem z Tobą.

Maria Magdalena nie odwróciła wzroku od Jezusa, aż do chwili kiedy wydał ostatni oddech. Chciała zapisać obraz Jego oczu i twarzy głęboko w swoim sercu. Ponadto, patrzyła na Jezusa aż do ostatniego momentu, podążając za Józefem z Arymatei, który złożył ciało Jezusa w grobie.

Maria spotkała zmartwychwzbudzonego Pana

Maria Magdalena czekała na zakończenie sabatu i o poranku następnego dnia udała się do grobu, aby namaścić ciało Jezusa. Jednak nie mogła Go znaleźć. Była zrozpaczona, kiedy podszedł do niej Pan. Miała przywilej, aby spotkać zmartwychwzbudzonego Pana przed kimkolwiek innym.

Nawet po śmierci Jezusa na krzyżu, nie mogła w to uwierzyć. Jezus był dla niej wszystkim i bardzo Go kochała. Jakże musiała być szczęśliwa, kiedy spotkała zmartwychwstałego Pana! Nie mogła powstrzymać łez. W pierwszej chwili nie poznała Pana, jednak kiedy wypowiedział jej imię delikatnym głosem, od razu wiedziała, że to On. W Ewangelii Jana 20,17 Pan mówi: *„Rzekł do niej Jezus: Nie zatrzymuj Mnie, jeszcze bowiem nie wstąpiłem do Ojca. Natomiast udaj się do moich braci powiedz im: Wstępuję do Ojca mego i Ojca waszego oraz do Boga mego i Boga waszego."* Ponieważ Pan Jezus również bardzo kochał Marię Magdalenę, ukazał się jej zanim wstąpił do Ojca.

Wiadomość o zmartwychwstaniu Jezusa

Czy potrafisz sobie wyobrazić szczęście Marii Magdaleny, kiedy spotkała Pana po Jego zmartwychwstaniu – Pana, którego tak bardzo kochała? Wyznała, że pragnie z Nim zostać na wieki. Pan znał jej serce, jednak wyjaśnił, że nie może zostać z Nim na wieki i dał jej misję do wykonania. Miała dostarczyć wiadomość o Jego zmartwychwstaniu uczniom, ponieważ potrzebowali pokoju i pocieszenia po szoku, jakiego doznali z powodu ukrzyżowania Jezusa.

W Ewangelii Jana 20,18 czytamy: *„Poszła Maria Magdalena oznajmiając uczniom: Widziałam Pana i to mi powiedział."* Fakt, że Maria spotkała zmartwychwstałego Pana przed innymi oraz dostarczyła tę wiadomość innym nie był przypadkiem. Było to skutkiem jej poświęcenie oraz służby Panu z wielką miłością.

Jeżeli Piłat poprosiłby o osobę, która chciałaby przyjąć na siebie ukrzyżowanie Jezusa, byłaby pierwszą osobą, która chciałaby oddać za Niego życie. Maria Magdalena kochała Jezusa ponad swoje życie i służyła Mu w pełnym oddaniu.

Przywilej służenia Bogu Ojcu

Bóg był zadowolony ze służby Marii Magdaleny, która miała dobre serce pozbawione zła, oraz która miała pełną miłość duchową. Maria Magdalena kochała Jezusa prawdziwą i niezmienną miłością od momentu, kiedy Go spotkała. Bóg Ojciec, który przyjął jej dobre i piękne serce, chciał mieć ją blisko siebie i czuć aromat jej dobroci. Dlatego, kiedy nadszedł odpowiedni czas, pozwolił Marii Magdalenie otrzymać chwałę służenia Mu przy Jego tronie.

Czego Bóg Ojciec pragnie najbardziej, to swoich dzieci, z którymi może dzielić swoją miłość na wieki. Dlatego zaplanował stworzenie rodzaju ludzkiego, zapoczątkował istnienie Trójcy i czekał długi czas, wytrzymując grzech ludzki na ziemi.

Teraz kiedy miejsca w niebie są już gotowe, Pan pojawi się w powietrzu i wyda przyjęcie weselne dla swojej oblubienicy. Pozwoli swoim dzieciom rządzić ze sobą przez tysiąc lat i poprowadzi ich do niebiańskich mieszkań. Będziemy mieszkać z Bogiem w szczęśliwości i radości na wieki w niebie, które jest czyste i piękne niczym kryształ oraz pełne Bożej chwały. Jakże szczęśliwi będą ci, którzy wejdą do Nowego Jeruzalem i spotkają Boga twarzą w twarz oraz zamieszkają z Nim na wieki.

Dwa tysiące lat temu Jezus zapytał: *„Czy jednak Syn Człowieczy znajdzie wiarę na ziemi, gdy przyjdzie?"* (Łukasz

18,8). Bardzo trudno jest w dzisiejszych czasach znaleźć prawdziwą wiarę.

Apostoł Paweł, który prowadził misję i głosił ewangelię poganom, krótko przed swoją śmiercią napisał list do Tymoteusza, swojego duchowego syna, który również cierpiał z powodu heretyckich podziałów oraz prześladowania chrześcijan.

„Zaklinam cię wobec Boga i Chrystusa Jezusa, który będzie sądził żywych i umarłych, i na Jego pojawienie się, i na Jego królestwo: głoś naukę, nastawaj w porę, nie w porę, /w razie potrzeby/ wykaż błąd, poucz, podnieś na duchu z całą cierpliwością, ilekroć nauczasz. Przyjdzie bowiem chwila, kiedy zdrowej nauki nie będą znosili, ale według własnych pożądań – ponieważ ich uszy świerzbią – będą sobie mnożyli nauczycieli. Będą się odwracali od słuchania prawdy, a obrócą się ku zmyślonym opowiadaniom. Ty zaś czuwaj we wszystkim, znoś trudy, wykonaj dzieło ewangelisty, spełnij swe posługiwanie! Albowiem krew moja już ma być wylana na ofiarę, a chwila mojej rozłąki nadeszła. W dobrych zawodach wystąpiłem, bieg ukończyłem, wiarę ustrzegłem. Na ostatek odłożono dla mnie wieniec sprawiedliwości, który mi w owym dniu odda Pan, sprawiedliwy Sędzia, a nie tylko mnie, ale i wszystkich, którzy umiłowali pojawienie się Jego" (2 Tym. 4,1-8).

Jeżeli masz nadzieję na niebo i tęsknisz za powtórnym przyjściem Pana, musisz spróbować żyć zgodnie ze Słowem

Boga i walczyć dobry bój wiary. Apostoł Paweł zawsze cieszył się, pomimo cierpienia, które znosił, głosząc ewangelię.

Dlatego, musimy uświęcić nasze serca i wypełniać nasze obowiązki w szerszym zakresie niż tego się od nas oczekuje, aby ucieszyć Boga i na wieki dzielić się z Nim Jego wspaniałą miłością, żyjąc blisko tronu Boga.

„Mój Panie,
Który przychodzisz
Na obłokach chwały,
Tęsknię za dniem
W którym przyjmiesz mnie do siebie
Przy Twym wspaniałym tronie
Na wieki będę dzielić się Twą miłością
Której nie mogłem w pełni dzielić na ziemi.
Tam wspólnie będziemy wspominać przeszłość.
Pójdę do królestwa niebieskiego
Z tańcem
Kiedy Pan mnie powoła
O, do królestwa niebieskiego!"

Autor:
Dr. Jaerock Lee

Dr. Jaerock Lee urodził się w 1943 roku w Muan, w prowincji Jeonnam, w Republice Korei. Kiedy skończył 20 lat cierpiał z powodu wielu różnych nieuleczalnych chorób przez siedem lat i czekał na śmierć zupełnie pozbawiony nadziei na wyzdrowienia. Pewnego dnia, wiosną 1974 roku, jego siostra przyprowadziła go do kościoła, i kiedy uklęknął, aby się pomodlić, Żywy Bóg natychmiast uzdrowił go ze wszystkich chorób.

Dzięki temu doświadczeniu, Dr Lee poznał prawdziwego żyjącego Boga, pokochał Go całym swoim sercem i w 1978 został powołany na sługę Bożego. Gorliwie modlił się o jasne i pełne zrozumienie woli Bożej, zrealizowanie Jego misji oraz posłuszeństwo wszystkim słowom Boga. W 1982 roku założył Centralny Kościół Manmin w Seulu w Korei, gdzie miały miejsce niezliczone dzieła Boże, łącznie z uzdrowieniami i cudami.

W 1986 roku Dr Lee został ordynowany na pastora podczas dorocznego zjazdu Kościoła Koreańskiego i cztery lata później, w 1990 roku, rozpoczęto emisję jego kazań w Australii, Rosji, na Filipinach i w wielu innych miejscach przez firmę Far East Broadcasting Company, Asia Broadcast Station oraz chrześcijańskie radio Washington Christian Radio System.

Trzy lata później w 1993 roku, Centralny Kościół Manmin został wybrany jako jeden z najbardziej popularnych kościołów na świecie przez amerykański magazyn chrześcijański „*Christian World*", a pastor Lee otrzymał tytuł doktora honorowego Honorary Doctorate of Divinity od chrześcijańskiego college'u na Florydzie w Stanach Zjednoczonych. W 1996 roku otrzymał również tytuł doktora od teologicznego seminarium Kingsway w Iowa, w Stanach Zjednoczonych.

Od 1993 Dr Lee zaczął prowadzić światową misję w Tanzanii, Argentynie, Los Angeles, Baltimore, Hawajach i w Nowym Jorku w Stanach Zjednoczonych, Ugandzie, Japonii, Pakistanie, Kenii, na

Filipinach, w Hondurasie, Indiach, Rosji, Niemczech, Peru, Demokratycznej Republice Kongo, Izraelu i Estonia. Informacja o jego misji w Ugandzie została wyemitowana w CNN, natomiast izraelskie ICC informowało o misji kościoła w Jerozolimie. Na antenie wygłosił komentarz, że Jezus Chrystus jest Mesjaszem. W 2002 roku został nazwany „pastorem światowym" przez największą chrześcijańską gazetę w Korei ze względu na jego prace misyjne na całym świecie.

We kwiecień 2017 Centralny Kościół Manmin miał już ponad 120,000 członków. Na całym świecie jest 11,000 kościołów, włączając w to 56 kościoły w wielkim miastach samej Korei. Na ten moment 102 ośrodki misyjne zostały założone w 23 krajach, takich jak na przykład Stany Zjednoczone, Rosja, Niemcy, Kanadam Japonia, Chiny, Francja, Indie, Kenia i wiele innych.

Dr Lee napisał już 107 książek. Wiele z nich stało się bestsellerami: *Poczuć Życie Wieczne przed Śmiercią*, *Moje Życie*, *Moja Wiara I & II*, *Przesłanie Krzyża*, *Miara Wiary*, *Niebo I & II*, *Piekło*, oraz *Moc Boża*. Jego książki zostały prełumaczone na ponad 76 języki.

Jego artykuły publikowane są w: *The Hankook Ilbo*, *The JoongAng Daily*, *The Dong-A Ilbo*, *The Chosun Ilbo*, *The Seoul Shinmun*, *The Kyunghyang Shinmun*, *The Korea Economic Daily*, *The Korea Herald*, *The Shisa News*, oraz *The Christian Press*.

Dr Lee jest obecnie przewodniczącym wielu organizacji misyjnych oraz stowarzyszeń takich jak na przykład: Chairman, The United Holiness Church of Jesus Christ; Permanent President, The World Christianity Revival Mission Association; Founder & Board Chairman, Global Christian Network (GCN); Founder & Board Chairman, World Christian Doctors Network (WCDN); and Founder & Board Chairman, Manmin International Seminary (MIS).

Inne książki autora

Niebo I

Szczegółowy opis wspaniałego życia, które jest udziałem mieszkańców nieba, cieszących się pięknem królestwa niebieskiego.

Przesłanie Krzyża

Potężne przesłanie pobudzające do myślenia dla ludzi, którzy są w duchowym śnie! W niniejszej książce znajdziesz powód, dla którego tylko Jezus jest Zbawicielem oraz odczujesz prawdziwą miłość Bożą.

Piekło

Przesłanie dla człowieka od Boga, który pragnie wyratować każdą duszę z głębi piekła! W tej książce odkryjesz nigdy wcześniej nie opisywaną okrutną rzeczywistość piekła.

Duch, Dusza i Ciało I & II

Przewodnik, który daje duchowe zrozumienie ducha, duszy i ciała oraz pomaga dowiedzieć się więcej o naszym „ja", abyśmy zyskali dość siły, by pokonać ciemność i stać się ludźmi ducha.

Miara Wiary

Jakie schronienie, korona i nagrody czekają na Ciebie w niebie? Niniejsza książka da Ci możliwość, abyś z mądrością i wskazówkami Bożymi sprawdził swoją wiarę, aby następnie zbudować wiarę lepszą i dojrzalszą.

Wzbudzony Izrael

Dlaczego Bóg trzyma pieczę nad Izraelem od początku świata aż do dnia dzisiejszego? Jakie przeznaczenie jest przygotowane dla Izraela w ostatnich dniach oczekiwania na Mesjasza?

Moje Życie, Moja Wiara I & II

Niezwykły aromat życia duchowego wydobyty dzięki osobie, której życie rozkwitło w otoczeniu nieograniczonej miłości do Boga, pomimo ciążącego jarzma, ciemności i rozpaczy.

Moc Boża

Książka, którą musisz przeczytać, ponieważ dostarcza istotnych wskazówek, dzięki którym można posiąść prawdziwą wiarę oraz doświadczyć niesamowitej mocy Boga.

www.urimbooks.com

www.ingramcontent.com/pod-product-compliance
Lightning Source LLC
LaVergne TN
LVHW010316070526
838199LV00065B/5584